你缺的不是努力，而是反骨的勇氣！

馬克太太——著

自序

作者序這部分很有趣，明明是有關作者的內容，卻是在整本書完成的最後才寫，在寫這篇文章的時候，我才真正地感受到，老天啊！我竟然完成一本書，人生角色除了女兒、老婆、媽媽外，還可以放上一個作者的稱謂了，雖然我還是有點不好意思稱自己是作家，但看著那幾萬字的稿，還是為自己拚了命的撰寫驕傲一下（笑）。

二〇一九那一年，除了每天按照慣例敲敲鍵盤，把所有想說的文字放上粉專，從後台的信箱發現皇冠的總編輯詢問是否有興趣寫書，曾經有作家夢的我，沒有一絲的考慮，直接答應，比當初要步入禮堂宣誓的那句「I Do」還要乾脆俐落。

答應是答應了，但接下來整整一、兩個月的時間，都在消化自我懷疑的情緒，擔心自己的能力不夠無法勝任，總覺得不是專業出身的，要來寫書會不會笑破人家的內褲（？）

自我拉扯的同時，我意識到也許是身為女人天生的原罪，在小時候能開始為自己做看似無聊的決定時，家裡長輩總是潑我一桶又一桶的冷水，在他們的認知裡，女性還是別讀太多書了，早早去工廠幹活減輕家計才重要，就連參加學校的才藝競賽，大人也是說一句我絕對沒辦法，想勸退我，別浪費時間在那些無意義的小事上。或許是這些不認同打壓，才會即使是總編親自邀約，我還是無法在第一時間肯定自己，但這就是真實人生不是嗎？常常都是我們以為我們不行，但其實不過是自己跨不過去那個檻而已。

當時要寫這本書時，因為是寫著自己的過去經歷，有好幾次寫到一半時，我無法繼續，以為早已強壯的心瓦解了好幾次，那一刻才懂，有些過去事放在心裡永不再提，不是真的過去，而是害怕好不容易整理好的思緒，會因再度被觸碰到，而慌張得不知所措。隨著這本書的文字增加，我在那段時間也被自己的情緒弄得起伏措手不及好幾次，然後再度去面對與修復。

當初受到邀約時，是希望我能寫勵志書籍，我自己也以為我能療癒他人的心，抑或是振奮低迷的青春孩子們，隨著書本的完成，我這才意識到，這些文字的產生說到底是療癒我自己，幫助我能再次地面對那些黑暗面與每一段時期的創傷。

我不期望這本書能左右他人的人生，只不過就是我個人的人生經歷，也沒奢望讀者認同每一個觀點，只期許我寫的這些文字與個人經驗，能與讀者們的個人觀點碰撞出新火花，對我來說唯有新的火花出現，這本書的存在才能真正地有意義。

在一大片書海裡，如果你翻開了這本書，真的很謝謝你給我這個機會，願意在這快資訊時代，停留下來翻翻我的書，那既然你都翻開了，這就是天注定，為你挑選的新書，有沒有看到旁邊的結帳櫃檯，還不趕快手刀去結帳。（喂！有人說可以這樣逼人嗎？哈哈）

Contents

Part 1
不完美的人生，又怎樣？

Part 2

說真的，我沒空在意你喜不喜歡我

Part 1

不完美的人生，又怎樣？

你是真的傻，還是被洗腦了？

不知道大家有沒有發現，不管是在職場上工作或是選擇人生伴侶時，那些令人欣羨的「人生勝利組」，他們通常都是了解自己、知道自己想要什麼的人。這件事看似簡單，卻不如想像中容易。

許多人會透過閱讀、上心靈成長課程或各種方法來了解自我。而當我活到了三十多歲的現在，發現談戀愛這件事，其實是了解自己的最佳途徑。回顧過去在愛情中的風花雪月、年少輕狂，太太也曾經是那種好傻好天真的女孩，把愛情當作了人生的全部。

／灑狗血的愛情劇本才浪漫？／

五專二年級時，毅然決然地休學，在外面「漂泊」了一段時間才重拾書本，回到校園，從高職讀起。所以，當我高職畢業後考上高雄的大學時，班上同學的年紀都比我小，甚至連大一屆的學長姐都還小了我一歲。

高雄的天氣很熱，常常熱到讓我懷疑后羿是不是少射下了其他九顆太陽？因此細肩背心就成為自己的日常裝扮。走在校園裡，背上那一大片又紅又綠的刺青常常會在轉身之際嚇到其他同學，所以他們也不太敢主動靠近我。

誰會想要和一個下了課就在走廊上抽菸、有事沒事還玩弄著嘴裡的舌環的女生做朋友呢？況且本人的外表看起來像vogue風格拍照才會出現的厭世臉，讓人有種距離感，在學校裡自然交不到什麼朋友。當班上同學都已打成一片，聚在一起夜唱、夜衝時，我依舊是孤鳥一隻。

本來就是個心思細膩的人，面對這群外表看起來一臉天真稚嫩的同學，內心孤單的感覺也特別強烈。

有一天，一位學長來班上宣傳系學會的活動，他有著高大結實的身材、黝黑的健康膚色、染成金色的頭髮，以及比黑人牙膏廣告還白的牙齒，加上爽朗的笑聲，頓時成為眾人的目光焦點，也擄獲了一大票妹子的心。

我對這位天菜學長一見鍾情，產生了好感，於是用盡心思製造各種巧遇來讓他注意到我的存在。然後就跟偶像劇演的一樣，學長竟然說要和我交往！讓我感到受寵若驚，覺得自己好幸運。但更讓我驚訝的是，在學校裡人氣很高又有女人緣的學長竟然是第一次交女朋友。

可惜，我們交往不到一個月，學長就說要跟我分手。原因是有位算命師告訴他媽媽說，千萬不能讓她兒子跟比自己大一歲的女生交往，不僅不適合，兩人在一起也不會幸福。

我從學長口中得知這個惡耗後，心裡又生氣又沮喪，轉身就往宿舍旁邊漆黑一片的街道跑去……

其實我是在測試學長會不會追上來。如我所料，他真的追了過來，看到我眼淚撲簌簌地往下掉，嘴裡還喊著「實在太迷信了！這對我來說太不公平了！」，表演力大爆發，一副楚楚可憐的模樣，他急忙擁住我，深情款款地跟我說：「北鼻，我們不分了！」

那天晚上天空下著毛毛細雨，彷彿電視劇裡的浪漫情節就在眼前真實上演！但這個劇本看似浪漫，其實感動到的只有自己。

少女情懷總是詩，當年情竇初開的我是個傻白甜少女（？），極盡所能地為對方付出，還以為自己在愛裡奮不顧身的姿態很偉大。

好的愛情是兩個人一起仰望一望無際的天空，而不是關在兩人世界裡，窄化了彼此的視野。

／遇見恐怖情人，逃命要緊／

為了捍衛這份愛情，我拿出一張張小紙條，厚著臉皮拜託所有認識我們的同學，寫下對這段戀情的祝福，並且製作成一本冊子送給學長，告訴他：「我們之間怎麼會沒有未來？你看！有這麼多人祝福我們。」

學長點點頭，似乎很受感動。

在那之後，每逢學長生日、情人節、交往紀念日等大大小小的節日，我送給學長的手作卡片就沒中斷過。為了讓學長開心，我幾乎是一有空堂就跟他黏在一起，本來我跟同學們就不熟，談了戀愛後更不熟了！

學長常常會有意無意地灌輸我一些「完美女友」應該怎麼樣、他理想中的未來伴侶又是如何如何的觀念。此外，學長還告訴我，身為一個好女生就應該要替男友分憂解勞，於是我開始自願無償地幫忙他的家人工作。

因為學長喜歡和我一起宅在家裡，放假時我都會待在他家，最後變成雖然我在外面租了一間雅房，一週還是有六天的時間都待在學長家，星期天再回到租屋處洗衣服，然後拿著換洗衣物去他家。我們的生活，幾乎二十四小時都綁在一起。

和大多數情侶一樣，我們很快就因為意見不合而爭執；隨著交往時間越久，爭吵次數也越來越多。相信學校裡所有的人，都覺得我是個Lucky girl，可以跟學長這位好好先生談戀愛；大概沒有人想像得到，在外面有著完美形象的學長，私底下脾氣大到令人無法恭維！在我們的日常相處中，冷嘲熱諷是基本的，他總是對我說：「如果妳離開了我，就不會有人愛妳了！」但是，他就算沒有我，還是可以找到比我好一百倍的女生。他甚至轉述他爸爸的話，說我的顴骨高、聲音低沉，這些都是剋夫的象徵。

一段感情能夠延續下去，往往是雙方共同努力的成果，但顯然地，我與學長之間的關係已經明顯失衡了，並且開始產生永無止境的摩擦。吵到後來，學長會上演全武行，結果不是他力道很大地推了我一把，讓我因為一個重心不穩，撞上了牆壁，就是他自己跑去撞牆！再不然，就是上演我跟他下跪道歉的戲碼（沒錯！跟韓劇裡才有的灑狗血戲碼一樣）。

有時候陪他完成工作之後，學長會因為與我有爭執而生氣，不願意買飯給我吃，讓我挨餓來證明主導權在他手上。也許你會問，難道不能自己去買嗎？當兩人

不小心遇上了恐怖情人，趕快逃走吧！否則，哪天你可能必須為這段不值得的愛付出慘痛的代價，來換取最可貴的自由。

的關係失衡，在意對方勝過自己時，其實是沒有勇氣去做對方不允許的事情。最讓我崩潰的莫過於，炎炎夏日，當學長不在家時，我得在他那個沒有冷氣和電風扇、熱死人不償命的房間裡，數著牆上的時針等他回來。每次陪他出席和朋友的聚會，若是在大家面前表現得不好，讓他覺得沒有面子，無論誰對誰錯，當場都得拉下自尊，跟對方說句對不起。

在這樣的情況下，我不是沒有想過要和學長分開，可是走不了。我們好幾次分手後又復合，最後只能苟延殘喘地維持這段關係，然後不斷在心裡吶喊著，好希望有人可以來拯救我！

老實說，不可能有人會出手幫助，因為那時我的世界裡只有學長一個人，沒有任何朋友可以聽我訴說心事，跟家人的關係也不是很好。於是，在心裡默默祈禱，希望有一天學長能看出我對這份感情的執著，而懂得珍惜我。

有次我放假回嘉義老家，學長竟然從高雄跑來老家門口，硬是要我跟他回去，理由是他太愛我，不願意一秒鐘見不到我。剛開始談戀愛時，這句話對我而言是多麼霸氣又浪漫啊！但是，現在卻讓人覺得窒息，喘不過氣來。當有一天我們又一言不合地爭吵時，他掐住了我的脖子，讓我幾乎要昏過去……此時我才認真地告訴自己必須離開了。

只是，每次學長在我提出分手後不接電話、不看手機訊息時，總會出現在高雄的租屋處門口。若是發現我不在家，他還會在外面大吵大鬧，把當時合租房子的室友們給嚇壞了！在不懂得處理問題的情況下，我不得不回頭，就怕他再傷害四周的人。直到學長去當兵，我果斷地搬了家、換了手機號碼後，才總算逃離了他的視線。

每當我和朋友分享這段過往戀情時，沒有人相信倔強好勝的我竟然會有這麼傻的時候！其實與其說傻，不如說我陷入了「情緒勒索」的愛情套路裡而不自覺。

當全世界的人都告訴妳，要留意那些花心的渣男，小心受騙上當時，妳反而會忽略了看似人畜無害卻懂得用方法制約妳的男人。他會限制妳的交友圈，讓妳的世界只能圍繞著他打轉，再以冷言冷語貶低妳、打擊妳的自信心……學長也是如此，他讓我覺得，我們之間的感情出了問題，都是我的錯；我是如此不完美，但他還是願意留在我身邊，我應該心存感謝才對，並且營造出整個世界都與我們為敵的假象。

人性就是這樣，別人越是說不行，就越想要證明自己可以。走到這一步後，不用對方主動要求，妳自己就會掏心掏肺地付出一切，甚至連靈魂都願意給他。就算妳不這麼做，對方仍然會想盡辦法來逼迫妳證明對這份愛的忠誠，這也是很多人在面對傷害自己的另一半時沒辦法抽身的原因。因為對方深知妳的弱點，成功地將妳給洗腦了，讓妳對他所說的每一句話都深信不疑，更沒有勇氣離開。就算妳真心想要離開，對方還是會用威脅的語氣或最有效的「認錯」招數來挽留妳，讓妳忍不住心軟地原諒他，繼續留在他的身邊。

也許有人會問，「被前男友這樣對待，妳難道不覺得痛苦嗎？」當然痛苦！但是在還沒有意識到自己的心已經被他牢牢控制住時，哪裡懂得逃命呢？

太白粉們（註1），談戀愛時千萬要睜大眼睛啊！記住，好的愛情是兩個人一起仰望一望無際的天空，而不是關在兩人世界裡，窄化了彼此的視野。若妳和我一樣，不小心遇上了恐怖情人，趕快逃走吧！否則，哪天妳可能必須為這段不值得的愛付出慘痛的代價，來換取最可貴的自由。

註1：太白粉是馬克太太對粉絲的暱稱。

馬克太太的毒雞湯

把對方綁在身邊、
用言語恐嚇他，
或是按照對方的遊戲規則
來證明你對愛情的忠誠，
這是養狗，不是戀愛喔！

人生最悲哀的是，除了愛情之外，沒有其他選項

在二十幾歲的某一天，有位朋友問我：「如果妳的愛情出現了一些問題，並且面臨了兩個選項，一個是逃避現實，裝作沒事；另一個則是默默忍受，然後包容對方的一切，妳會怎麼選擇呢？」

這個非A即B的愛情習題，我想了很久，但是找不到答案。當時朋友會問我，也許是因為她看出我與男友之間的感情出現了一些裂痕，而我始終猶豫不決，也無法下定決心做出改變。

很多人說情侶同居，是最容易看出彼此適不適合長久走下去的方法。這個理論我舉雙手贊成，因此只要一旦和男友交往後，我便會用跑百米的速度，把所有家當都搬進對方家裡，開始編織起同居生活的美夢。而一旦同居之後，很容易就會產生想要依賴對方的心理，不知不覺地把他當成了生活的重心，不管生活中的大小

事，都是以對方的需求為優先考量。

在愛情中，我是個非常沒有安全感的人，因為從小得不到家人足夠的關愛，長大後急著談戀愛，想要從對方身上得到更多的呵護。但是當我真的陷入愛河時，又會開始患得患失，擔心對方有一天是否會離我遠去，害怕自己沒有獲得幸福的權利。

╱當憂鬱症來敲門╲

我與前男友Z在工作場合認識時，我正一邊打工，一邊學日文。學日文的理由很簡單，因為看到日劇裡的男主角很帥，如果學好日語的話，能有機會進攻日本男人（笑）……沒錯！我就是這麼膚淺的女生。但大家可別小看這個動機，它可是讓我通過日文檢定二級的原因（得意地撥頭髮）！

我一直懷抱著想去日本生活的夢想，有次我與Z閒聊時，他說自己沒辦法談遠距離戀愛，並且說出了「若是妳哪天離開了台灣，不出兩個月，我們肯定得分手」的真心話來。這句話深深地烙印在我的心裡，我太害怕會失去愛情，於是打消了出國的念頭。時間久了，也就漸漸淡忘這件事。

我跟男友Z因為是同事，每天二十四小時都膩在一起。為了讓他有足夠的安全感，即便當時的工作做得很不開心，我也不敢輕易辭職，或是為自己的職涯做其他的打算。

有人曾經預言二〇一二年將會是地球毀滅的世界末日，那一年，我拿到了熱騰騰的日文檢定二級證書。當時我與Z討論要一起提出辭呈，找一份更高薪的工作，但又擔心辭職之後店裡的人手不足，生意會受到影響。於是，我一個人先行離職，也順利地被一家日商公司錄取了。

但是，我離開之後，Z依舊沒有遞出辭呈。當我還沉浸於找到新工作的喜悅時，某天夜裡，躺在我身旁的Z突然傳出了一陣啜泣聲，讓我頓時睡意全無，心頭一驚，似乎大事不妙了。

Z緩緩地吐出了一句：「我們分手好嗎？妳已經考到日檢二級了……」這時才明白，原來他早就想要結束這段關係。而我心裡也明白，這場戀情是應該落幕了，於是爽快地答應了Z提出的分手要求。

那天之後，我們之間並沒有就此結束，因為我平常沒有存錢的習慣，根本沒有本事搬出去，只能暫時和Z當睡在同一張床上的室友。但是我的個性好強，雖然內心覺得痛苦，每天回到家後還是裝作一副沒事的樣子，結果不出一個月，憂鬱症就找上了我。

當二〇一二年最後一天結束時，世界末日並沒有真的來臨，而我的天卻崩塌了！那段日子我的心情焦躁、常常胡思亂想，到了夜裡又輾轉難眠。每當我半夜睡不著時就會拿出手機，狂發訊息給朋友。後來有位好心的朋友實在看不下去了，她借了我一筆錢，讓我可以順利地搬出去住。

不過，分手的傷痛對我來說實在太巨大了，讓我無論如何都走不出來……此外少了Z可以依賴，我的經濟情況也頓時陷入了吃緊的狀態，開始欠下卡債；面對感情的挫敗和負債的雙重壓力，我很想要脫離這個快要把我給逼瘋的處境，卻動彈不得。當時心想，這一切不幸都要算在Z的頭上才對，因此更是怨天尤人。

罹患憂鬱症這段期間，我的精神非常不穩定，總是搞不清楚今天是幾月幾號、星期幾？朋友建議我在家好好休養身體，醫生也勸我不妨安排假期出遊，轉換一下鬱悶的心情。

窮困潦倒的我，哪有錢出去散心呢？一天五十元的餐費是當時勉強能夠負擔得起的，有時一整天下來，甚至只喝一杯珍奶來果腹。因為珍珠奶茶甜度高，比較

就算在愛情裡面的選項只有A和B，

有底氣的女人可以為了自由，瀟灑地兩者皆拋下！

不容易覺得肚子餓。後來我開始得了厭食症，體重也直直落下，身高一六五公分的我體重只剩下三十八公斤，每天都像行屍走肉般地活著。抗憂鬱這條路，除了需要藥物治療，過程中還有和自己的不斷拉扯，我也曾經在無意識的狀態下想要自殘來傷害自己，想要一了百了。

不過，人生就是這樣，當上帝替你關上了一扇門，若你不趕快把窗打開，就會在裡面窒息而死！而當你借不到梁靜茹的勇氣，無路可退時，自然就能面對了！

這段作繭自縛、陷入人生谷底的黑暗期大概持續了四年之久，等到有一天我徹底清醒了，回過神來才發現，已經四年過去了！我也慢慢意識到，原來自己會過得這麼悲慘並不是Z的錯；即便當初他沒有跟我交往，或許還是會有另外一個人出現，替我上完這堂人生中最艱難的一課。回顧這段四年的感情，不是每個人都能禁得起時間的考驗，分手沒有對錯，就是緣分到了而已，若該散不散，只是歹戲拖棚而已。

此時我才知道，愛情很偉大，但經濟能力也很重要。它能讓妳在工作上受到委屈和挫折時，有本事向老闆拍拍桌子說：「老娘不幹了！」也能讓妳在情緒低潮時，帥氣地上網刷卡買張機票，說走就走；此外，它還可以讓妳在失去愛情時至少可以獨立生活，保有女人最後的一點自尊。

／長期飯票也有破掉的可能／

開始寫粉專後，我常與太白粉在線上互動，我一直都很支持所有年輕女孩別只顧著談戀愛，也要想想現實問題。妳在職涯上需要一點一滴地累積才有本事跳得更高，而不用擔心轉職空窗期的生活，平常買東西時也能爽快一點；最重要的一點是，當妳與男人相處時，自然會散發出一股獨特的自信與底氣，這跟妳的經濟實力絕對是相輔相成的。

即便婚後也是如此，不要認為找到長期飯票，就能安穩過一生。先不論手心向上、仰賴先生是否能受到尊重，究竟誰能夠保證，這張長期飯票的使用期限呢？就算在愛情裡面的選項只有A和B，有底氣的女人可以為了自由，瀟灑地兩者皆抛下！

人生就是這樣，當上帝替你關上了一扇門，

若你不趕快把窗打開，就會在裡面窒息而死！

馬克太太的
毒雞湯

愛情可以發生在一瞬間，

但你的存款累積

需要好幾年的時間。

所謂的獨立，是一個人也可以過得好

經常有網友在臉書上寫私訊詢問馬克太太各種感情問題，包括姐弟戀、異國戀……在各種「問卦」之中，最多人求問的應該就是年齡問題了。有趣的是，很多人不約而同地問我：「到了三十歲，該怎麼面對父母催婚的問題呢？」

當我們身處的社會主流價值觀仍然把女人應該結婚生子、好好相夫教子當作幸福的歸宿時，我能理解那些來向我求「感情卦」的網友們，她們心裡的感受是什麼。

我記得自己剛過二十五歲時，身邊的朋友和同事們像是不約而同似的，一個個地走入了紅毯那一端。即便當時我還沒有結婚的打算，看到他們身邊都有了穩定交往的對象，或是積極參與聯誼交友活動，生活過得多采多姿，就羨慕不已。正努力走出失戀傷痛的我，內心更有說不出的失落。

在這段療傷期，有部楊謹華主演的電視劇《敗犬女王》受到了廣大女性觀眾的歡迎。劇情是描繪三十幾歲的女人有了事業卻找不到另一半的處境與心情，而身邊的人都認為她們強悍到不需要另一半，像是女主角工作認真又果斷，就讓追求者感到卻步。

在職場上，有越來越多比起男性毫不遜色的女人展露鋒芒，而這些有能力的女人，倘若感情一片空白、又沒有交往對象的話，往往會被認定為眼光太高、不懂得示弱，才會找不到好男人。但是我覺得，為了自己的前途而認真打拚，不是應該有的工作態度嗎？若是男性在工作上表現得相當成功，情感卻一片空白，常會被稱為「黃金單身漢」，一旦性別角色對調時，這些事業有成的女性就成了一般人眼中的「敗犬」。

我覺得楊謹華將女主角單無雙這個角色詮釋得很好，她在別人面前表現出一副心高氣傲、無所謂的樣子，但是工作結束後，回到一個人的住處時，那種無人可訴說的寂寞，還是會伴隨著挫折感襲來。

我一邊看著這部戲一邊想著，女主角渴望被愛的心情跟自己有些相像，但不一樣的是，我真的很廢！當時因為失戀的緣故，連工作都無法好好做，常常在工作場合裡忍不住偷偷落淚。

在真命天子還沒出現之前，好好照顧自己，
享受一下單身生活的美好吧！

很多書籍和兩性節目都搭上了這股《敗犬女王》的熱潮，不停地灌輸大家「單身不代表失敗」的觀念。或許我們的社會一直流傳著女人到了某個年紀沒嫁出去就是「剩女」的觀念，很多女人外表光鮮亮麗、看似新時代女性，嘴裡說不在意年齡，心裡卻害怕得要命！她們因為擔心被貼上標籤，自欺欺人地說：「敗犬又怎樣？老娘就是不在意年齡！」

為什麼許多女人看了一堆心靈雞湯的書，聽了幾百萬次「三十歲後單身也沒關係」的口號，到了適婚年齡還是焦慮不堪呢？原因是她們認為女人的青春就是籌碼，年紀越大，籌碼越少，怎麼能夠不害怕呢？

不可否認的，隨著年紀越大，女人想找到一個好對象，以及生育的困難度也提高了，這是一個現實卻又難以說出口的話題。

我曾經以為自己這輩子注定要獨身而感到焦慮，我也認真思考過，既然要一個人孤老到死，到底要如何快快樂樂地度過老年生活呢？

想清楚之後，我的腦袋瞬間不再糾結，開始把生活重心從男人轉移到自己身上。我努力提升自己，累積更多的資產，無論是看不見的內涵，還是銀行裡的存款。

我不知道有多少女生就算到了即將三十歲拉警報的年紀，也不擔心。有些女生嘴巴上說寧缺勿濫，卻暗暗想著要如何才能脫離單身的行列，我也是一樣。但在我決定踏上紅毯另一端後，有了更深的另一層領悟：婚姻不是愛情最後的結局，而是人生另一個新的階段的開始。

女人啊！若妳還未婚，我想跟妳說，不要騙自己，也不要太在意年齡，妳應該在意的是青春有限這件事。不管幾歲，妳都可以寵愛自己，做自己有興趣的事。當妳努力讓自己越來越好，生活過得精采又豐富，即使跨越了大眾口中所謂的適婚年齡，這樣的妳依舊是很有魅力的。

也許有人會問我：「年紀大了，生不出孩子怎麼辦？」請想想看，難道女人在婚姻裡的價值就只是生小孩嗎？夫妻這種關係，絕對不是妳給對方一雙兒女，就能一起白頭偕老，走完這一生。若真是這樣，呂秋遠律師（經常處理兩性關係的律師）的生意就門可羅雀了（笑）！

那天我與一位昔日戰友兼好姐妹在網路上聊天，她不但長得漂亮，而且聰明，工作能力也很好。她說自己本來不急著找結婚對象，但是最近看到原本生活過

婚姻不是愛情最後的結局，

而是人生另一個新的階段的開始。

得一團糟的女性朋友即將結婚，突然之間，她對三十而立的自己失去了信心。

我告訴她：那些三十歲前把自己嫁出去的女人，不代表中了頭獎，她們可能只是先把不好的獎項給抽走（笑）！所以請別著急，也不要感到心慌，屬於妳的幸福一定會來的。在真命天子還沒出現之前，好好照顧自己，享受一下單身生活的美好吧！

馬克太太的毒雞湯

在人生中，

能夠笑著走到最後的女人，

絕對不是把自己嫁掉這麼簡單。

夢想不去實踐，終究只是一場夢

時間跳回二〇一三年，高雄的天氣依然熱情如火，每天出門上班時外面好像在下岩漿雨，常常腳還沒踏進公司，臉上的妝已溶了一半。

雖然身體火熱熱，心裡卻是冷冰冰。和交往四年的男友分手後，憂鬱症又猝不及防地找上了我，在那段療情傷的日子，我怎麼樣都無法振作起來。

高雄原本是我最愛的城市，那年我卻恨透了高雄！我討厭在愛河邊摟摟抱抱的情侶，厭惡西子灣美麗的夕陽，原本覺得柴山的猴子很可愛，那時卻覺得牠們特別可惡，在我低頭擦乾臉上的淚水時，把我唯一果腹的珍珠奶茶整袋拎走！

對我來說，高雄的每一個角落都是充滿回憶的地方，空氣裡瀰漫著前男友身上的香水味。

有天，一位好友跟我說：「既然現在沒有讓妳掛心的事，為什麼不去做妳之前就想做的事情？」

「你不懂，我沒有錢。」我用無辜的小狗眼神看著朋友說。

我心想，像朋友靠拉拉大提琴就能賺進鈔票，哪裡懂得我們這種凡人的心聲呢？

當一個人活在自己的世界像鬼打牆一樣走不出來時，無論身邊朋友如何好言相勸，聽起來都格外刺耳。

我嘴上說著，不要因為一場失戀就覺得自己的人生很失敗，仍然無限循環地沉溺在悲傷裡，直到有一天受不了，才狼狽地逃到了台北找工作。

我在台北找到了一份日式旅館的管家工作。一天的工作時間是十二小時，每天都要早起穿和服後上工，夏天時因繫在肚子上的繩子太緊長出了濕疹；冬天時穿著木屐頂著刺骨寒風站在大廳外迎接客人，讓我冷得直打哆嗦。

在天天都得說上幾句日文的工作中，我心裡的日本夢似乎又開始蠢蠢欲動了。

有位同事交了個日本男友，談起遠距離戀愛。我覺得相愛的兩人彼此見不到面，也摸不著對方，實在很辛苦，著實替她感到心疼。於是我鼓勵她申請日本打工度假，即便最後沒有走到紅毯另一端也無所謂，想想看，人生有多少次打工度假的機會呢？我甚至打氣地說：「因為我們是人類，人本來就會對未來感到恐懼，這沒什麼，去做就對了！」

她看著我，說了一句：「妳要不要也申請看看呢？」

被同事這一問，我愣了好幾秒。啊！為什麼我不申請呢？除了錢的因素以外，最大的阻力還是來自於內心對於未知的恐懼。別看太太外表像是個獨立的女漢子，骨子裡其實膽小得很。我害怕踏進陌生的領域，更害怕自己沒有能力在那裡存活下來，倘若不去嘗試那些未知的事物，至少不用承受任何的風險。

同事受到我的鼓勵，踏上追愛之旅，到日本打工度假去了。另一位與我要好的男同事也在同一年打包行李去東京念語言學校。沒有申請到日本打工度假的我，只能一個人自怨自艾地生活著。讓人開心的是，天生倒楣組的我，竟然得到了澳門某知名飯店的主管offer。

在我準備申請澳門工作簽證時，我才無意中發現自己抽到了日本打工度假（到底當時有多瞎，連看榜都可以看錯?!），這下子有選擇障礙的我陷入了兩難。澳門的工作薪資十分誘人，但我心裡的日本夢還在發熱著。

就在我猶豫不決時，一位在日本讀書的友人捎來訊息，要我趕緊把日本打工簽證領一領，別再掙扎了！我還記得她掛掉電話前，對我吼了一句：「趕快去辦！」

就這樣，我放棄了去澳門的工作機會，很快地把房租合約處理完畢，買了張單程機票，飛去了日本。

很多人在面臨決定時，抱持著像我一樣的心態，對於未來的不確定感到害怕，擔心無法承受改變後帶來的風險，乾脆不去做。事實上，所有的事情都是兩面的，有失必有得，如果你真的無法做決定時，不妨想想，若是失敗會有什麼樣的後果，而那個後果是否會讓你從此一生完蛋？若答案是否定的話，那就沒什麼好擔心的。多年之後再回頭看，也許你還會感謝當初那個做決定的自己。

／日本生活初體驗＼

大學時期，我用打工賺來的錢去上日文課，畢業後也在日本品牌的服飾店、日系飯店工作過。上班時，我每天都期待日本客人上門，只要能說上一句日文都會讓我心裡覺得踏實，好像這樣才對得起自己辛辛苦苦才拿到的日文二級檢定證書。

或許你和我一樣，心中一直都有個小小的夢想，
只是缺少了行動的勇氣。
如果夢想不去實踐，永遠都只是一個夢。

二〇一五那年冬天，當我下定決心要去日本打工度假時，心裡自然是雀躍無比。出國前，因為銀行沒什麼存款，我媽阿玉好心換了三萬台幣給我，但嘴裡則是不斷叨唸著我這個女兒很沒出息，都已經二十六歲了，年紀老大不小，還去國外打什麼工？我雖然忍不住跟阿玉妳一言我一語地回嘴，最後還是默默地收下了那筆錢。

說實在的，我的日語程度其實是半桶水。儘管如此，我仍然得意地昭告全世界自己要去日本打工度假的事，然後把所有家當裝進三十公斤的二十九吋銀色行李箱，行李桿上掛著在台北後火車站買的紫藍色行李袋。（賣行李袋的阿桑果然沒騙我，這行李袋可好裝呢！隨便一塞就能放進超過十公斤的衣物！）

從台灣出發後，抵達成田機場時是下午三點，機場的服務人員很親切地回答我，該去哪裡搭車才能到涉谷轉車的問題。第一次坐上往東京市區的高速列車心情很興奮，下車後站在涉谷車站卻感到迷惘，我的手機沒有網路，又看不懂密密麻麻的路線圖，一時之間不知該往哪個方向走才好。

當時正逢下班尖峰時刻，車站裡擠滿了熙來攘往的人潮，清一色是穿著黑色西裝或套裝的上班族。我呆呆地站在原地，看著這群人在我的四周快速移動。沒多久，我發現有些人用一臉厭惡的表情繞過我身邊，原來是我擋到了他們的去路，緊張地拉著行李往一旁退，眼睛則緊盯著牆上是否有エレベーター（日文「電梯」）的指示牌。

好不容易找到要搭的ＪＲ線月台，但面對的是高高的階梯，我用眼神向身邊路過的乘客求救，希望有好心人可以幫我一把。但是，大家都忙著趕車，沒有人停下腳步來看我一眼。

我漲紅著臉，攔下了一位穿著制服的工作人員。

「請問哪裡有電梯？」

對方一看到亞洲臉孔，就噼哩啪啦地講了一堆日文，我根本聽不懂。於是改用英文說：「對不起，我不是日本人，可以請你講慢一點嗎？」

那位工作人員一聽見我說英文，竟然直接走掉了。在無計可施下，我心一橫，把手提行李背在肩上，再將二十九吋的行李箱打橫，吃力地抬下樓梯。由於動作龜速，不免又招來了其他路過的日本人白眼。

好不容易擠進ＪＲ電車後，以為總算能夠鬆一口氣，結果因為行李占據了擁擠的車廂空間，耳邊不時傳來「嘖」的不耐煩聲。那一刻，眼淚在我的眼眶裡打轉，忍不住委屈地想：為什麼大家都這麼冷淡？都沒有人來幫忙我呢？

現在回想起來，不免替自己當時的想法感到害臊。如果我能在出發前先做一點功課，避開尖峰時間，也不至於把自己搞得那麼狼狽。

／現實與理想的衝擊＼

從台灣帶去日本的錢本來就不多，付完房租押金後，剩下的錢很難活過一個月。但很幸運地，抵達日本第三天，我就在橫濱一家頗具規模的中餐廳找到了服務生的工作。

在日本的租屋處離工作地點搭電車加上轉車大約一個多小時，雖然早上十點上班，七點多鐘就要起床，才來得及在八點半前出門趕上通勤電車。等我下班回到家時，往往已是晚上十一點以後了。

做了兩三週後，我開始覺得自己明明是來打工度假，怎麼好像陀螺一樣忙得團團轉？於是向公司提出了希望能減少打工時數的要求，主管便把我調去餐廳的二樓工作。二樓是販賣精緻的商業午餐，工作時數大概只有三到四小時，而這裡的同事除了一位在日本居住了幾十年的台灣大姐外，其他同事都是日本人。

這位台灣大姐的個性嚴謹，與其說她一板一眼，不如說是很有原則。有次送餐給客人時，大姐在旁邊叮嚀我，我回道：「はい、はい、はい」，結果大姐用一副非常生氣又嚴肅的表情指正我：「說一句はい就好。」

當時年輕氣盛的我哪吞得下這口氣？立刻跑去問日本籍主管，我的回答錯了嗎？主管笑笑地跟我說，這很像是不耐煩的口氣，一般日本人不會這樣說。即便搞清楚是自己不懂日本文化造成的誤會，但我認為同樣是台灣人，那位大姐應該要更理解我的想法才對。

由於自己抱持的心態不正確，加上玻璃心作祟，在工作上只要被主管或同事糾正一下錯誤，便覺得天崩地裂。有幾次因為主管和我說話時口氣稍微嚴厲了一些，我便委屈躲進廁所裡，偷偷打電話給也在日本工作的朋友，想和他訴苦。朋友只回我一句：「妳下班了嗎？還沒有的話，趕快回去工作！」討拍失敗的我，頓時覺得自己是全世界最倒楣的人。所以，一個月後拿到了薪水，立刻瀟灑地提出了離職。

當時餐廳剛好人手吃緊，日本主管希望我能再多做一個月，等他們找到人之後再說。但他好說歹說，我就是不願意，並表明只願意在哪幾天上班，氣得他當場

感謝那個勇於踏出第一步的自己，因為有她（他），
你才能看到不一樣的人生風景！

跟我說：「妳就做到今天為止！」

做到今天就做到今天，我還暗自慶幸自己離開了這間不人道的餐廳呢！

原本以為接下來的日子應該是海闊天空，沒想到卻是另一場人生大考驗的開始。離開中餐廳後，投了不少履歷都石沉大海。薪水高一點的服務業，大多是需要面對客人的前台或收銀員，面試的時候，我那半桶水的日文立刻就破功了。日語實力不夠，當然遇不到適合的工作機會，眼看著荷包越來越扁，我只好回頭去拜託前同事幫我介紹工作。

這次面試的工作是一家居酒屋，老闆要我做廚房，當下我很想跟他說：「你是在開玩笑嗎？我在台灣的飯店好歹也是站櫃檯的。」只是為了肚皮著想，馬上就點頭說好。

本人從小就是個素食主義者，原因是被廟口的豬公給嚇到，從此別說吃肉，連不小心碰到裹粉烹調後的炸雞，我都會站在洗手台前，將手指刷它個七七四十九次，才能洗滌心中的罪惡感。

上班第一天，店長要我把雞肉與雞皮分開。這家店販售很多炸雞皮，那些雞肉還混著血水，想要平常連螞蟻都不敢殺的我，持刀剁下它們，真的很需要勇氣！我牙一咬，眼睛一閉，欸～不是，眼睛連眨都不敢眨一下地剝開，生怕不小心剁到自己的手。喔～對了！在那之前我沒有拿過菜刀的經驗，好不容易把雞皮收集好交給店長，店長又拿出兩包裝在塑膠袋裡一大坨混著血水的東西，我看不出那是什麼，但是既然剛才連雞皮都處理了，還有什麼事能嚇得了我？於是用剪刀唰一聲地剪開了封口，手伸進去把那坨物體抓出來，這一抓可嚇死我了！原來是長長的豬腸與牛腸，而我的任務是把它們切成約兩到三公分。腸子的觸感很滑很黏，還帶一點味道，更可怕的是它們韌性堅強，一刀下去，來來回回地，就是切不斷。最後在店長的協助下，我終於把腸子大軍消滅，本以為廚房任務結束了，接著是好幾籃骯髒的餐盤碗筷等著我，我袖子一捲，一洗就是兩個小時，回家時兩隻手比奶奶的臉皮還皺。

為了不要在廚房裡繼續殺生，我自告奮勇地和店長說，若是外場需要幫忙的話，我可以出去招呼客人。當然，做外場第一件事就得學會用機器點單，本人可能天生就是做服務生的勞碌命，一下子就上手，店長也就隨我去。雖然原本的廚房工作還是要做，至少待在廚房的時間減少了一兩個小時，也因此少受了一些身心受創的折磨。

當時在居酒屋一天工作六小時，就能夠勉強支撐我在日本的生活。只是領到薪水後，房租去掉了一半以上；為了想賺更多錢，我在室友的介紹下，跑去肉廠做包裝作業員。別以為工廠工作時薪不是很高，只要時數夠多，一整個月下來，荷包也能夠賺飽飽。

肉片包裝廠很注重衛生，因為生產的肉品都是要送到超市販賣的，所以一進入室內，不僅要套上乾淨的頭罩，還要穿上像防塵衣的工作服。

上工第一天，同事帶領我踏進一個溫度有點低、還夾帶血腥味的工作間，當我還沒意識過來時，我們正經過一個台子，上面躺著不知是豬還是牛，只有半身的動物軀體，等著被機器處理。看到這一幕，一陣頭暈目眩……我先是倒抽一口氣，然後又深呼了一口氣，試著要自己冷靜下來。來到我們這一組的工作台後，同事告訴我，工作內容是把一大塊的肉塊放進機器，再把切好的肉片一片片地排在盒子裡，接著封膜。

站在機器兩側的我，盡可能不轉頭去看背後那個令我膽戰心驚的畫面，在大家分工下，終於把一大塊肉完成了。之後同事教我如何清理機器，他順手拉了旁邊的水管，打開機器蓋子，就往裡面噴。由於水柱太強，裡面的碎肉瞬間飛向空中，最後落在我與同事的胸前，我上半身滿滿都是紅色的肉末，當下，我立刻丟下工作跑去找主管，說明自己真的沒辦法勝任這個工作，就這樣落荒而逃了。

原本以為自己在居酒屋切過腸子大軍後，這輩子應該無敵了！沒想到那些切割生肉的畫面一直在我的腦海裡揮之不去，最後連飯都吃不下。我把自己關在租屋處的小房間整整一個星期，每天就是吃生菜果腹。過了一週後，為了生計著想，這才逼迫自己銷假，勉強回到居酒屋繼續上班。

／原來我愛的是幻想中的日本＼

來到日本的第二個月後，我很快就發現，這不是我真正想要生活的地方。老實說，在日本打工度假的每一天，都讓我覺得煎熬。除了經濟狀況不穩定，隨時要煩惱下一餐是否有著落，導致情緒緊繃之外，日本人拚命三郎的職場文化，以及他們的愛情觀與交友方式，都讓我覺得格格不入，實在無法融入這個社會。在這裡，我認識的朋友反而是以歐美人居多，我們常常一起出去玩，相處起來很舒服。

但是，想到自己學了那麼多年的日文，以及離開台灣時信誓旦旦的模樣，我無法對家人開口，這裡跟我想像的不一樣，其實我喜歡的是日劇裡美美的、經過包裝的日本，一旦說出了口，彷彿承認自己當初做錯了選擇。所以我也不敢在臉書上發布任何照片，甚至有段時間還會寫些誤導大家在日本生活很夢幻的文字，讓親戚朋友們以為我在日本過得很快活。

白天我在麥當勞打工，晚上在居酒屋上班，常常一上電車就睡死；東京鐵塔、富士山、箱根溫泉……那些知名的景點根本沒去過。愛面子的我，就這樣硬撐了半年多。到最後我夾著尾巴逃回了台灣，只是對外都說自己的澳洲打工度假簽證快要到期了，不得不離開日本。天知道，我身上哪裡還有閒錢能去澳洲打工度假啊！

回到台灣後我的心情很沮喪，覺得自己白白浪費了那麼多年的青春歲月學日文。不過後來回想起來，在我的人生中，讓我真正開始學習長大、逐漸變得堅強，成為一個負責任的大人，正是在日本打工度假的日子。

或許你和我一樣，心中一直都有個小小的夢想，只是缺少了行動的勇氣。如果夢想不去實踐，永遠都只是一個夢。即使當你努力之後發現不喜歡、不是你真正想要的也沒關係，更不用覺得丟臉。反而應該要感謝那個勇於踏出第一步的自己，因為有她（他），你才能看到不一樣的人生風景！

馬克太太的
毒雞湯

很多時候，
我們不是害怕做出選擇，
而是擔憂不可知的未來
帶給你傷害。

找好男人公式：緣分＋健康心態＝對的人

在澳門工作那段期間，由於與部分同事無法相處融洽，也得不到主管的肯定，每天我總是板著一張死人臉去上班。

當然，做服務業的我，本身就是戲精來的。好啦！你也可以說我很敬業，只要酒吧的大門一開，本人的死人臉立馬會擺出最燦爛的笑容來迎接客人。

二〇一五年，馬克先生和一票朋友在十二月時來到澳門旅行，住進我們酒店裡。愛喝酒的英國人，怎麼會錯過酒吧呢？當天晚上，他們一夥人走進了酒吧，其中一位高大的男子叫住我，問我：「現在幾點了？」

我禮貌回覆後，順便與他們寒暄了幾句。雖然本人英文很爛，大概是國中程度，更別說聽得懂他們操著濃濃英國腔的對話，但是努力微笑就對了。

隔天，一位頭髮跟《哈利波特》裡的榮恩一樣紅的男士，在酒吧快打烊時走

外表是一時的，想法與內涵是永遠的，
這不是其他人可以取代的。

進來。他的紅髮很明顯地上了厚厚的膠，即便如此，捲度還是跟鄉下阿嬤的爆炸頭不相上下。他一進門就叫了我的英文名字，還給了我一個溫暖的微笑。

我看著那雙清澈的藍眼珠，卻想不起他是誰。

每當有外國人上門時，喝過洋墨水的經理就會出現，烙兩句英文，從他們的對話中，我才知道他是昨晚來酒吧消費的其中一位英國人。

馬克先生住宿期間，每天都來酒吧報到，離開前的晚上，他又跟著朋友一起來。

馬克先生在幾杯酒下肚後，向我點東西，他的英國腔很重，「哇踏哇踏哇踏」地重複說著，我聽不太懂，以為他要點vodka（伏特加）。這樣的對話持續了大約五分鐘，最後我直接拿酒單給他看，才知道他要的是water（水），而英式發音會發出像「踏」的音，我還糾正他是「窩特」（water的美式發音）才對。

馬克先生話不多，不知是因為我英文不好，所以不好聊，還是他本身個性就木訥，他和我交換了通訊軟體what's app後，便離開了酒吧，回飯店休息。

那天下班後，我與同事一起去吃宵夜，結果手機訊息響個不停，那是來自馬克先生的邀約。我沒有答應，除了公司規定不能與客人私下來往外，最大的原因是他明天就要離開澳門了，我覺得沒有戲唱，還不如回宿舍抱著枕頭睡大覺還比較實在。

／遠距離戀愛，如人飲水，冷暖自知／

離開澳門後，馬克先生與朋友繼續下一站的越南之旅，我也依然在工作之中忙得不可開交。旅途中，每天馬克先生都會傳照片來，與我聊聊天，一段時間之後，我就像訓練有素的小狗一樣，會在特定時間想起他來。

馬克先生回到英國後，依舊每天傳訊息給我。我們身處在地球的兩端，香港直飛倫敦是十二小時的時間，距離約莫九千五百九十五點七公里，而這不免讓我覺得未免太不真實了。

某天下班後，按照慣例，我拿出手機來，看到一行英文出現：「嘿！我們公司派我兩個禮拜後去香港出差，我拜託老闆讓我在香港多留兩三天，如果可以的話，我們在香港見一面好嗎？」

這封訊息我反覆讀了好幾次，也不知道是太興奮還是緊張，手指不由自主地顫抖。我打開行事曆，上面記錄著那天我剛好放假，要回台灣拿矯正牙齒的維持器。因為維持器不見了，一個月前，我特別訂作了一個。只是這次回台灣買的是廉航機票無法退票，這下子該如何是好呢？

跟我比較要好的同事都告訴我，沒必要為了一個萍水相逢的異國男子而取消原訂回台灣的計畫。反正等到對方回國後，這一切就如同曇花一現，只是一場夢。

我把自己關在廁所，冷靜思考了五分鐘後，發出了訊息給馬克先生：「親愛的馬克先生，一月十八日我會去香港。這一切都是上帝的安排吧，期待與你見面。」

我與馬克先生在香港的三天停留期間，就像情侶一樣開開心心地出遊。但我知道，我們之間的未來有太多的不確定性，所以我們也沒有給彼此任何承諾。就這樣，假期結束後他搭上飛機回英國，我也搭船回澳門，回歸了原有的生活。

沒有承諾，就沒有壓力，更沒有責任；我告訴自己，不用想太多。不過我必須老實說，在那之後，我非常想念他，無時無刻都在想，無論手上的工作有多忙，腦海裡仍然思念著他，總想著再見他一面。

馬克先生依舊按時寫訊息給我，我們計算著倫敦和澳門八小時的時差，把握能說上幾句話的機會。

想念一個人，真的會讓人失心瘋！於是我用了將近半個月的薪水，訂了一張去倫敦的機票，目的地寫著希斯羅機場，但我知道，我真正想去的是馬克先生的心裡。當我還來不及告訴他這些話時，馬克先生就在電話裡說了一句：「我想，我愛上妳了。」

聽到這句話，我簡直樂翻了！整理好自己的情緒才嘴角上揚，緩緩地說：「我想，我也是。」

我承認對於「愛」這件事，本人絕對是勇往直前。與其說為愛瘋狂，倒不如說，我的個性是寧可失敗，也不願因為沒有努力過，而讓將來的自己感到遺憾與後悔。

為了這份愛，我申請了去愛爾蘭打工度假。但是想要更靠近他的同時，我也擔心會造成他的壓力，這也是我沒有選擇英國，而是去愛爾蘭打工度假的原因。這其實也是告訴對方，就算處在熱戀之中，我還是能夠獨立地生活，照顧好自己。

去愛爾蘭前，我先飛了一趟倫敦。與馬克先生見面的那一週，因為朝夕相處，不能只靠語言翻譯機交談，我常常聽不懂他在說什麼。就在我回到澳門前，他因為我的語言問題，竟然提出了分手。

當下的我很怒，但為了維持女人最後的自尊，只是淡淡地說好，然後再回嗆他一句：「除了英文，你還會什麼？我至少會三種語言。」（當時是有多幼稚，哈！）

我想失戀過的人都明白，失戀的症狀就是吃不好、睡不好。但為了面子，我盡量讓自己正常過生活，還加入健身的行列。

幾天後，馬克先生告訴我，他媽媽說：「我朋友為愛來英國時，一句英文也不會。現在住了幾十年後，她已經可說一口流利英文了！」

我不太明白他想表達的意思是什麼，直到說著說著，他又加了一句：「我沒有單身，因為我有女朋友，是妳！」我才知道他想要挽回我們之間的愛情。礙於當時人還在英國，找不到住宿的地方，加上我心裡還是惦記著他，就這樣很孬地回到了他的身邊。

／一時衝動的求婚＼

愛爾蘭的首都都柏林占地不是很大，但跟英國相較之下，生活費與學費便宜了很多，因此成為歐洲人學英文的首選之地。也因此，都柏林的房子非常難找，就連當地的背包客棧都是天天客滿。

我到了愛爾蘭幾週後，在一家中國人開的中藥行找到工作，住宿卻始終沒有著落。所以，每天早上我都得搬著四十幾公斤的行李，在都柏林街上穿梭，不斷check in和check out，等到放下行李後，緊接著趕去上班。

雖然比起英國，愛爾蘭的物價便宜很多，但對於從亞洲來的我來說，還是覺得貴森森。所以每天早上只要能趕上背包客棧提供的難吃早餐，我都認為是生活中的小確幸。即使吐司乾得像給牛吃的乾糧，還會因多拿了一塊而忍不住開心一整天。

原以為我與馬克先生的戀情因為距離縮短後發展得順利一點，但天不從人願，愛爾蘭多變的天氣簡直快要把我給逼瘋了！我來到這裡的時候，因為是冬天，氣溫很低，每天早上出門時，呼出的空氣都像在冒煙一樣。

從踏上這個城市後我就開始感冒，完全沒有好轉的現象。找不到房子就算了，最令人沮喪的是，有一天下班回到背包客棧，我發現身上所剩不多的錢竟然被人給偷走了！這下子就算能找到房子也沒有本事租下來，讓我忍不住坐在地上大哭。我很氣拿走我的錢的小偷，也氣自己不小心，更害怕這場歐洲旅程就要到此結束了。

當初為了能靠近馬克先生一點，我才千里迢迢來到這裡，但是在身心狀態越來越糟糕的狀態下，我發現不得不考慮放棄這份愛情了。

那天，心情沮喪的我在視訊中告訴馬克先生，倘若有一天我不得不放棄我們的愛情，請別怪罪我，我已經盡力了，一邊說著，臉上的眼淚和鼻涕也沒停過。

馬克先生不知道該怎麼安慰我才好，只是一直說著事情一定會有解決的辦法。我繼續哭哭啼啼地說著：「對不起，我無法再勇敢了……」

他想了想，回道：「那妳能不能為了我，再勇敢一次？」

早已被現實打得落花流水的我，鼓起勇氣地說：「我想你知道，我真的很喜歡你，不然我不會這麼瘋狂。遇見你之後，我用了將近半個月的薪水去英國，只為見你一面，也放棄了去塞班島工作的面試機會來到歐洲。為了你，我真的可以很勇敢，甚至拿自己的人生當賭注，一次就梭哈。只是我不知道我還能夠撐多久，天氣

閱讀真的教會我很多事，打開了我的視野，
讓我的想法慢慢地轉變，開始有了正能量。
當正能量逐漸增強時，自然容易遇到更好的人。

越來越冷，有時我真的覺得好餓，但我必須把錢存下來才能住背包客棧。我的感冒一直沒好，我覺得這裡的生活糟透了！如果哪天我必須離開歐洲，希望你能理解；這一離開，我沒能力再回來，我身上所有的存款都沒了，別說去英國打工度假，台灣的薪水是無法支撐著這樣遠距離的戀愛……」

馬克先生聽完，沉默了一會，突然衝動地說：「跟我回英國，我們結婚吧！」當然，我們沒有馬上結婚，但至少深愛的人給了自己這樣一個承諾，我就像打了一劑強心針，接下來的日子就算再辛苦，也甘之如飴。

／異國婚姻不是只有粉紅泡泡＼

很多年輕女生都對我和馬克先生的戀情充滿好奇，覺得異國婚姻彷彿有一圈粉紅泡泡包圍著。在我還沒和馬克先生相遇時，也對這樣的故事感到著迷。

女孩子嘛！總是希望能談一場粉紅色戀愛。但是談異國戀情很辛苦，不只要面臨文化衝擊和彼此價值觀的差異，還有語言溝通等問題都需要一一克服。我們和全世界的夫妻一樣，在生活中都必須面對的柴米油鹽醬醋茶等日常瑣事，一點也不粉紅唷！

有些網友在臉書私訊太太，說：「請問要怎麼樣才會遇到對的人？」或者說：「結婚前老公很浪漫，結婚後一切都變了，怎樣才能讓老公跟馬克先生一樣？」

太太不是什麼戀愛專家，看到這些問題，一時之間難以回答。

一直以來，太太在感情方面都不是很順遂，不是遇到恐怖情人，就是想法很黑暗或者會劈腿的男人。我也曾經怨天尤人地想著，全世界的好男人是不是都死光啦？尤其是看到身邊的朋友一個個都結了婚，更急著想要談戀愛，一頭熱地栽了下去，但是兩人相處得不是很開心，所以很快又被甩了！

後來，我有點半放棄地想著，乾脆這輩子不如單身吧！連我媽阿玉和妹妹們也都這麼認為。所以我不再急著去認識男性朋友，沒事就往誠品書店跑，連半夜睡不著覺都會去那裡看書。

閱讀真的教會我很多事，打開了我的視野，讓我的想法慢慢地轉變，開始有了正能量。當正能量逐漸增強時，自然容易遇到更好的人。

記得曾問過馬克先生，如果有天我變老了、變胖了，他是不是還會愛我？還是會看上其他辣妹？馬克先生說：「外表是一時的，想法與內涵是永遠的，這不是其他人可以取代的。」

至於妳覺得男友或老公變了這件事，太太認為妳應該要先反問自己，有沒有改變呢？

很久以前，太太看過一本書，上面寫著：「談戀愛就像做生意，你要想盡辦法讓對方對你產生興趣。當你成功談到這筆生意時，也要努力細水長流地經營下去，這樣對方才不會想找其他人合作。感情也是如此，一開始你雖然卯足全力得到了對方的愛，但只要你發懶，無法再提供跟之前一樣的品質，一旦熱戀期結束後，接下來就是對彼此感到不耐煩、開始吵架，最後走上分手的道路。」

有些女人會說，老公婚後就像是變了一個人，結婚前的鮮花和禮物，婚後都沒了，遇到生日、情人節……全部都跳過。我當然不是鼓勵大家一定要花錢慶祝，但買張卡片寫下感謝和祝福的話送給對方，也是一種表示心意的方式。重要的是，妳想讓對方知道，妳很在乎他！

下次當妳覺得另一半不再像以前那樣愛妳、對妳表現浪漫時，不妨想想看，從前的妳會因為對方為妳做的一點小事就覺得感動，連他隨口說的一句冷笑話都能讓妳笑得闔不攏嘴，如今的妳卻成了成天只會抱怨和碎碎唸的大嬸。如果妳是他，會作何感想呢？

馬克太太的
毒雞湯

懂得檢視自己的心態，

就是遇到對的人的第一步。

踏入婚姻前，先想清楚你要的是什麼？

自從四年前，我決定要跟馬克先生攜手走完這一生，跟著馬克先生一起定居在地球儀另一端的濕冷英國後，我人生中所有的一切似乎都大風吹了！它吹走了我原來穩定的工作，也吹開了我與朋友和家人的距離。

來到英國之後，我必須努力適應與台灣截然不同的生活習慣與文化所帶來的衝擊，以及緊緊維繫兩人世界的生活。但有一樣東西，我認為是「大魔王」等級，也是我在短時間內無法適應的，那便是語言隔閡。

一開始，我在超市買東西、在麥當勞點餐時經常有口難言，腦袋無法順利運轉，覺得十分挫折。有時就算卯足了全力，還是會因為自己做不好而感到氣餒。光是去郵局寄信我就搞了很久才明白正常的流程，更別說打電話預約餐廳、退換商品，那些對當地人來說再平常不過的事情，我得多花兩、三倍的力氣才能完成。

跟大多數戀人一樣，談戀愛的最終目的無非是有個幸福圓滿的結局，守候彼此一輩子。我和馬克先生分隔兩地，除了必須忍受思念之苦外，荷包也很辛苦，畢竟一張英國單程機票的價錢可是能夠讓我搭乘往返台北和高雄的高鐵商務艙好幾趟！但是，我們之中總要有人為這段感情付出行動。

遇到馬克先生後，我很肯定自己深愛著這個男人，值得為他做出離開原本舒適圈的決定。有人替我感到不平，說我為愛犧牲，但我不接受這種「受害者人設」，畢竟他也沒拿槍頂著我跟他走，何來犧牲之說？只能說我在自己的人生道路上，做了一個很重大的決定。

／逞強的我，卻沒有想像中的堅強＼

我是個平常不太需要社交，也不需要朋友花時間陪伴的人，就連身在異鄉，也很少想念台灣的家人。

對我來說，獨處就像呼吸一樣地自然。只是因疫情關係，很久沒有回台灣，偶爾還是會想念高雄夜市的那家鹽酥雞攤販。雖然鹽酥雞老闆常常挖完鼻屎後又繼續拿起濾網濾油炸鹽酥雞，看起來很不衛生，但我還是懷念炸得焦黃酥脆的鹽酥雞、炸銀絲卷、炸百頁，還有買完鹽酥雞後走進7-11，撲鼻而來的茶葉蛋香……在

就算是感情再好的夫妻，也是各自獨立的個體，
對方沒有必要替你的情緒負責，
也沒有什麼事情是理所當然應該要配合的。

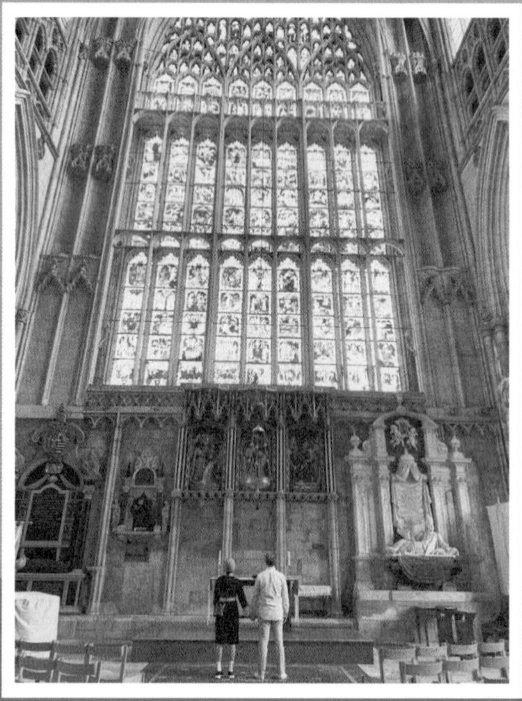

夜市裡，一邊吃一邊被噴得衣服都是醬料的鐵板麵，以及超級油又美味的素食自助餐，都是讓我回想起來忍不住想要流口水的銅板美食。

我和馬克先生在英國的生活雖然說不上富裕，但至少衣食無缺，生活也過得去。

我開始做代購、當部落客後，每天都會坐在落地窗前敲打著鍵盤，除了回覆網友問題，也把自己的心情化成一行行的文字記錄下來。

雖說有心煩的事情找朋友訴苦，心情會好過很多。但我看到太多的例子是，那些在婚姻中感到不如意的女人，原本只是找閨蜜吐吐苦水、討個拍，把別人當作情緒垃圾桶，對方卻誤以為是想從自己身上獲得解決問題的方法。

身為朋友，她眼看妳每天埋怨受苦，自然於心不忍，想要幫助妳脫離苦海。偏偏一心只想倒垃圾的妳，壓根就沒有想要改變現狀。從此「閨蜜變龜蜜」，妳覺得對方不懂得善解人意，她則認為妳很固執，講都講不聽，最後彼此的關係也漸行漸遠。

我不太會跟別人說心事，就算在英國遇到種種不適應和挫折的事，也不會主動找親朋好友訴苦，更不會在公開的社群平台上拿出來講。除非我真的想不出辦法來，才會求助於人。無論是朋友或家人，即使關係再怎麼好，我相信沒有人喜歡一天到晚接收他人的負能量。

我一直以為自己夠堅強，也沒有把心裡的話說給任何人聽。但隨著時間過去，偶爾才發作一次的情緒低落，出現次數越來越多，長達近一年的時間，最後來到了瀕臨崩潰的臨界點。

在這個天氣總是陰陰沉沉的英國，我大部分時間都是快樂的，也享受著這份靜謐的孤獨。只不過，水能載舟亦能覆舟，我太高估了自己的忍耐力，雖然孤獨讓人有停下來思考和成長的空間，但也吞噬掉了我原本就脆弱到不堪一擊的心。

／第一次婚姻危機／

二〇二〇年，因為疫情關係，太太居住的大英帝國感染人數持續飆升，英國政府也接二連三地採取了封城措施。大概是因為英國人持續被迫關在家裡，伴侶之間相處的時間長了，摩擦的機會也變多，這場突如其來的疫情，在很多人原本平靜無波的婚姻或同居生活中掀起了漣漪，甚至引發一陣分手潮。

聖誕節前夕的某一天，我與馬克先生大吵了一架，這應該是我們結婚以來吵得最兇的一次，也可以說是我們婚姻生活當中發生的第一次危機。

去年底某天吃完晚飯，按照慣例，有潔癖的我都會仔細刷洗一下廚房。每次洗洗刷刷之後，一眼望去，看到白色的櫥櫃與料理檯變得清爽、閃閃發亮就覺得好開心，很有成就感。

但是，每天不刷個三、四十分鐘，這些廚具很難維持良好的狀態。那天我開口要求馬克先生幫忙清潔廚房，不確定他是否沒聽到，或是使出男人擅長的裝聾作啞功夫。總之，看到他端著紅酒杯悠哉地在客廳蹺腳休息，我按捺住心裡的怒氣，走上前去，再次詢問他能不能幫個忙？

馬克先生這個直男，第一時間的反應是：「幫哪個忙？」我隨手指向餐桌，結果他隨便擦擦，又回到沙發前繼續看電視。看到他一副毫不在意的態度，我心裡滿溢的情緒頓時爆發了！無法冷靜下來的我，丟下手中的刷子，氣沖沖地跑去客廳質問他：「你是不是認為打掃廚房是我一個人的工作？」

馬克先生被我指責後，一秒間爆炸了！他認為我的態度太差，而我也沒心思和他吵架（因為吵架得開啟腦海中的谷歌翻譯模式），索性不說了！我把盤子丟在一旁就上樓去，結果樓下又是一陣髒話傳來。

那天晚上，我待在房間裡認真思考著是否要跟馬克先生分居？原本以為自己一定可以克服異國婚姻的難題，這樣的我是否太天真？並且想著無法溝通的狀態會持續多久？我確實還愛著眼前這個男人，但我擔心再這樣下去，很快地就會把對他的愛給消磨光了。

馬克先生聽完我說的話，眼眶泛紅地表示他不懂也不能理解，我為什麼要這麼生氣？

我一邊掉眼淚，一邊說著：「我難得開口，你看不出來我需要你接住我嗎？雖然是我心甘情願嫁給你、定居在英國的，不過很多時候我也覺得很無力，你應該明白的，不是嗎？」

馬克先生傻愣愣地說，他真的不知道我的內心感受。他一直認為我不愛社交，也早已習慣在這裡的生活，怎麼還會覺得孤單寂寞呢？直到我把所有心裡的話不吐不快地都告訴他，他才說出一句：「對不起！妳看起來很快樂，有時候我真的會忘記妳不是英國人。是我把到另一個國家生活想得太簡單，如果妳沒有告訴我妳有這些情緒，我是不會知道的。因為疫情的關係，我們還不能回台灣，但是，如果妳真的很想喝珍珠奶茶，我們現在就開車出去買一杯！」

聽到他這樣說，我忍不住破涕為笑。

經過這件事後，我開玩笑地和朋友說，我的第一次婚姻危機被珍珠奶茶給解

很多人說，婚姻是愛情的墳墓，那是因為結婚後，
我們很容易把另一半對自己的好當作是習慣，
把自己在婚姻中所遭受的委屈放大。

救了，哈！但事實上是好面子的我沒有繼續逞強，把自己內心的真實想法一五一十地說給馬克先生聽。而他也明白，我們現在能擁有平靜的家庭生活，不是一件容易的事，開始試著用同理心，站在我的角度看事情。

很多人說，婚姻是愛情的墳墓，那是因為結婚後，我們很容易把另一半對自己的好當作是習慣，把自己在婚姻中所遭受的委屈放大。因為一些日常小事引起的摩擦，往往是造成夫妻感情失和的慢性殺手。就算是感情再好的夫妻，也是各自獨立的個體，對方沒有必要替你的情緒負責，也沒有什麼事情是理所當然應該要配合的。

給太白粉們一個建議，儘管妳在婚姻中充滿了不安和挫折感，內心小劇場時不時會上演著各種苦情戲，但是遇到直男老公，他們不會因為相處的時間久了，就學會讀心術，請妳務必把心裡的真實感受，坦誠地說出來。

把心情說給對方聽，跟一味倒垃圾和抱怨是兩碼子事喔！我不是要妳指責對方，說「你都不關心我」、「你不愛我」，而是要學會理性地表達，告訴對方妳因為他的什麼行為感到不舒服。當然，當妳吐完苦水後，也別忘了給直男老公一個回嘴的機會。就算妳和另一半無法溝通，還是要努力找出彼此之間和平共處的平衡點來。如果妳一心只想著對方妥協，聽妳的話去做，這不能稱為「溝通」，或許對方一時心軟讓步了，也只是遷就妳這位恃寵而驕的小公主罷了。

馬克太太的毒雞湯

嘴巴除了拿來吃東西、

討拍之外，

還可以拿來溝通。

自私的女人通常過得比較快樂？

英國皇室的哈利王子和梅根這對夫婦，一直是媒體寵兒，也是鎂光燈追逐的焦點。他們在美國談話性節目中公開接受訪談時，梅根談到了她嫁入皇室後的心路歷程和一些不為人知的秘辛，很快就引起了英國人民的熱烈討論。在一篇篇新聞報導底下，有許多網友的留言，不分男女都有；很多人罵梅根不知足，其中以女性居多。

我沒有想要探討梅根的做法對不對、是不是厚道，而在我瀏覽那些網友們所謂的「不知足」留言過後發現，他們覺得梅根離過婚還能嫁給英國皇室，光是這一點，就不知贏過了多少女人，現在還上節目討拍，實在太沒道理了！

ＯＫ，說到這裡，我的立場就是他們的家務事真真假假、沒人知道，但現在都已經是二十一世紀了，怎麼還會有人把女人離過婚這件事拿來當作笑柄呢？

仔細想想，有時候用道德教條來綁架女人的其實是女人自己，因此我想要好好聊聊這個話題。

老一輩的人會說女人要遵守三從四德，
在婚姻裡無限的包容與妥協才是美滿之道，
那不叫幸福，而是認命！

知足的女人最好命？

由於我對與馬克先生的第一次婚姻危機太有感觸，所以在臉書上分享了這件事。相信我，身為一個部落客，要公開在臉書上說出與另一半發生衝突，是需要勇氣的。畢竟大部分的時候，為了迎合大眾口味，不管是網紅、部落客都會盡量在臉書、ＩＧ上發布加了濾鏡後的自拍美照、與另一半曬恩愛的畫面，或是用美食、美妝、華服營造出幸福感。

我選擇了讓大家看到我們婚姻生活中最真實的一面，不去塑造我和馬克先生是一對完美夫妻的假象，不是因為我的情商比較高，只是懶得演戲而已。

真正走入婚姻殿堂後我才體會到，那些到了白髮蒼蒼的年紀，還能夠互相推著輪椅，或是即使拿著拐杖也要手牽手走在路上的老夫老妻們，他們在婚姻裡肯定也遭遇過一番波折，也因此讓這份感情更歷久彌堅。

原本我已做好讓粉絲看笑話的心理準備，但意外地，這篇文章公開後獲得了不少正面的迴響。有些異國人妻跟我說，她們看了我的文章後有一種被同理的感覺，讓我覺得很欣慰。

事情總是有一體兩面，有人喜歡，就會有人討厭。有些人覺得我無法克服一個人在異地生活的負面情緒，是不懂得知足。她們覺得男人在外面辛辛苦苦地工作，做妻子的應該要多包容、懂得感恩才行；還有人說，女人的幸福來自於心胸寬大與否，比起傳統的亞洲大男人，馬克先生算是相當開明、尊重太太的老公，應該要好好珍惜。甚至還有人告訴我，只要老公不打人、不摔東西、不偷腥，在家裡當個盡職的家庭主婦，日子平平淡淡地度過，不是很好嗎？

以上這些話都來自於女性網友們對我的指教。如果不懂得感恩和珍惜，我怎麼會把鄉愁埋藏在心裡，讓憂鬱症有來串門子的機會呢？

與其說我對網友的留言感到不服氣，不如說是難過。在科技如此發達的現代社會，還是有些人的思想停留在我父母親那個「男尊女卑」的時代。不過，只要認真思考就會發現，一個人的人格特質和家庭環境有很大的關聯，而我本身就是個活生生的例子。

我阿母阿玉是職業婦女，更是家裡兩尊大佛——阿公、阿嬤的免費看護。我阿爸昌ㄟ脾氣大，個性自大又自卑，在事業上沒啥成就，生活也過得不開心，每次他的工作一不順遂就會大吼大叫，對家人發脾氣更是家常便飯。於是，阿玉就成了他的出氣筒，我們幾個小孩也遭受了池魚之殃，只要家裡的皇帝阿昌不開心，小女子我連坐在椅子上都有罪，一個不小心就要被「慎行司」（古裝劇裡懲罰人的機構）處置。

這樣的生活實在太辛苦，所以阿玉不斷耳提面命地告訴我們，千萬不要重蹈她的覆轍。可怕的是，明明我很討厭像昌ㄟ這樣的大男人，但面對愛情時，卻不知不覺地跟阿玉一樣，學會了忍氣吞聲。

有時我會想，那些說我不懂得知足、人不能活得太自私的女人，是否年紀比我年長很多？還是跟我年齡相仿？這跟有沒有經濟能力、有沒有自信無關，即使她們身兼家庭主婦與職業婦女，「男尊女卑」仍然是她們內心深處根深柢固的想法。老一輩的人會說女人要遵守三從四德，在婚姻裡無限的包容與妥協才是美滿之道，那不叫幸福，而是認命！事實上，她們活得一點也不快樂。但也不能怪她們，因為她們從來都沒有自由過。

不知道大家有沒有發現，那些不在意他人的眼光，因而被冠上自私、冷血之名的女人，常常都過得比較瀟灑又自在？她們真的是自私嗎？還是妳的內心深處仍信奉著傳統社會賦予女人的價值觀，而不願意接受呢？

不知道大家有沒有發現，那些不在意他人的眼光，
因而被冠上自私、冷血之名的女人，
常常都過得比較瀟灑又自在？

馬克太太的毒雞湯

有時候，

緊緊束縛女人的不是父權思想，

而是女人給自己的枷鎖。

關於婆婆之「他媽的愛」

有些已婚的女性朋友經常向我訴苦，說她們的婆婆很難搞，然後以羨慕的語氣，說道：「還好妳嫁給了外國人！」在她們的印象中，歐洲婆婆就如同朋友一樣好相處，不會有任何婆媳問題。聽完後我仰天大笑！

大家都誤會了，很多異國人妻會在網路上讚賞自己的公公婆婆，是因為一兩週才會見到他們一次，甚至每個月一次。婆婆這種生物其實是不分國籍的，就像暖男與渣男，全世界都有，不會因為是在歐洲就比較少喔！

在繼續說下去前，我得先聲明，我與婆婆關係良好（我還是很沒種的，哈）。

話說我與馬克先生的媽媽第一次見面時，覺得她舉止高雅有氣質，談吐幽默，不愧是前英國航空的空服員啊（拍手）！那時的我還是馬克先生的女朋友，但心裡已暗自竊喜，自己上輩子一定是拯救了地球，才會如此好運，有這樣開朗大方的未來婆婆。也因此，我很快就對她卸下了心防，認為以後大家同是一家人，何必太客氣呢？結婚後我們偶爾會去婆婆家吃飯，由於婆婆看起來就是這麼溫柔，樂得我每週都去打擾。

婆婆和我一樣，是個愛打扮的女人，即便年過半百，還是很重視穿著。她對我身上的衣服很感興趣，而我身上獨樹一格的亞洲風穿搭總讓她感到驚豔（訝）。有一次去婆婆家時，我穿了一件上面有立體手工花苞的裙子，她摸了又摸，喜歡得不得了，順口問了我一句：「這是在哪裡買的？多少錢呢？」

有人喜歡我的穿搭，當然是開心得屁股都翹上天了，想都沒想就回道：「接近一百英鎊。」話一說完，婆婆瞪大了眼睛，直說很貴，還看了馬克先生一眼，彷彿在告訴他，別亂花錢。天知道，這可是我自己努力賺錢買來的。不過，當下我什麼都沒說，以沉默收場。

／好媳婦不是拚命做，是演來的／

我小叔和他太太在二十歲出頭時認識，從交往結婚到現在已有十幾年的時

婆婆其實就是拿來尊重的。

不管妳面對她時心裡翻了幾百萬次白眼也沒關係。

間。一開始交往時，小嬸便常與公公婆婆一起旅遊，搭船出海（真的是自己開船出去），別忘了外國人很在意自己的空間，能夠在海上相處二十四小時，感情一定不錯！而每逢過節和生日時，也少不了一起聚餐慶祝。

小嬸生了小孩之後，想要立刻回到職場上班，便請婆婆幫忙照顧孩子，婆婆也毫不猶豫地答應。到了後來，小嬸就算是沒有工作，還是會請婆婆幫忙看顧小孩，好讓自己能夠跟朋友出去喝一杯。而婆婆也沒有抱怨過，她們看起來合作無間，我想婆婆大概也很享受這種含飴弄孫的生活吧。

在辦理未婚妻簽證時我不小心懷孕了，開始定居英國後便挺著肚子，偶爾馬克先生出差不在家，擔心我太無聊，還會特別囑咐婆婆陪我，她也很熱心地邀請我去她家喝茶聊天。

女人在一起最愛聊的就是八卦了，婆婆開始將自己對小嬸的不滿一一地說給我聽。她很心疼自己的兒子、我的小叔要上班還要照顧孩子很辛苦，覺得小嬸常常週末跑出去happy，很不負責任。她也不喜歡小嬸在孩子年紀還小時就把他送去幼兒園。

我冷靜地聽著，心裡可是波濤洶湧。我心想，婆婆會向我抱怨小嬸，轉身也會跟其他人數落我的不是吧。

那天之後，我開始有了危機意識，每次我們一家人出遊前，總會有意無意地讓婆婆知道，旅費是我付的。無論婆婆問我任何衣服的價格，全部都打一折報給她（這可是善意的謊言）！一年三百六十五天，我主動開口請婆婆幫忙照顧兒子啦啦的次數絕對是五根手指頭數得出來。其他時間除非她本人要求，我絕對自己帶孩子。

對於婆婆，我刻意保持距離。但是過年過節帶孩子去探望公婆是基本的禮貌，而當她需要幫忙時，我也會義不容辭地出現。

我和馬克先生搬新家時，刻意找了不會離公婆家太遠的房子，就怕她覺得我拐走了她的心肝寶貝兒子。除此之外，平常能不和婆婆接觸就不接觸，我不想和她太親近的原因是，彼此之間有了距離，讓她摸不透我在想什麼。或者，我只讓她看到我想給她看的那一面，讓她很難抓到我的小辮子。即便我這麼努力維持婆媳關係，還是有讓她說嘴的地方，那麼我也不在意。反正只要在她兒子心裡，我是個人見人愛的好媳婦，懂得疼愛我就好啦！

／一山不容二虎，一家不容二母＼

很多婆媳之間的關係緊張，十之八九是因為同住一個屋簷下。以孩子教養問題來說，身為母親的有自己的主見，但過來人的婆婆也有她的經驗，光是這件事就可以吵不完，更別說是生活習慣了。

若要解決這個問題，真的不難，那就是分開住。但是當妳這樣要求時，肯定會被冠上「拍查某」（台語「壞女人」），拐走人家兒子的罪名。但從某個角度來說，她說的也是事實，當那個她辛苦養大，會說「媽咪，我最愛妳」的寶貝，說要跟外面進門的女人一起搬走，如果是妳，氣不氣？所以讓她罵一下也不會怎樣，最重要的是，達到妳要的結果就好。

若是妳能成功搬出去，麻煩妳在這場孝親戲中演好演滿，多回去探望婆婆，即使她說妳是假惺惺也無妨。再說，戲演久了就變成真的，最傻的做法就是跟婆婆直接槓上，心裡的一口鳥氣是出了，但卻燃起了她想要對付妳的戰鬥魂。

有魄力的老公或許會就事論事，但這樣做通常是讓他老母更瘋狂而已。而沒魄力的老公只會要求妳忍耐，總之，別浪費時間在爭吵上。最重要的是，跟老公商

若妳很幸運地遇上視妳如女兒的婆婆，
就在心裡默默地感謝上天，
但請不要癡心妄想，真的當起她的女兒來，
一個不小心，可是會中招的。

量快點搬出去；就算生活怎麼苦，也不要和公婆住在一起，省了房租，換來的是氣死自己！

各位媳婦們，千萬別跟婆婆來個直球對決。如果妳老公很疼愛妳，不妨換個角度想，是婆婆教得好，妳才有這樣一個好老公。婆婆就是婆婆，請不要幻想她會把妳當作自己的親生女兒來疼。若妳很幸運地遇上視妳如女兒的婆婆，就在心裡默默地感謝上天，但請不要癡心妄想，真的當起她的女兒來，一個不小心，可是會中招的。

說了這麼多，我的想法是，婆婆其實就是拿來尊重的。不管妳面對她時心裡翻了幾百萬次白眼也沒關係。若她的要求太無理，那妳就左耳進右耳出吧！永遠記得，不要慫恿老公戰婆婆，而是要鼓勵老公表現孝道，做一些體貼婆婆的事，然後這些事都是因為老婆提點的，讓婆婆覺得都是媳婦想得周到，媳婦的一番好意都是為了婆婆您啊！

馬克太太的毒雞湯

維持婆媳關係最大的秘訣，

就是保持距離，

以策安全。

別人怎樣我管不著，我就是允許自己的小孩不聽話

在成長過程中，我一直都是很有自己的想法和原則的人，因此大人們就把我歸類成不乖、叛逆的孩子，並且說我這種不怕死的個性就是典型的「不聽老人言，吃虧在眼前」。還記得當初我從愛爾蘭打了一通長途電話給阿母阿玉說「我要嫁人了」，真的把她嚇傻也氣壞了！後來，當我知道自己懷孕後，害怕到甚至跟阿玉說我要拿掉小孩，阿玉只回了我一句「瘋子」，就倒頭繼續睡。

懷孕期間，我把教養書當水喝，按時服用，可是看完之後，壓力爆炸大！因為書裡說的我全都做不來。那時我才明瞭，原來自己討厭當媽媽的原因是，無法成為一般人眼裡的好媽媽。既然我無法聽從別人的建議，包括那些自稱是教養專家所說的話，那就不如順從自己的本性吧！

兒子啦啦誕生後，我才知道，如果以傳統社會裡的好媽媽來評分，我確實不及格。我不是讓孩子予取予求的媽媽，我有自己的脾氣，不願意為了小孩犧牲太

聽話的孩子也許未來的人生道路會比較平坦，
可以少做出一些錯誤的決定，
但是這樣的人生未免太無趣了！

多。若我身上有十元，我可以給啦啦一半，但一半還是我的；我有自己想要的衣服、想吃的東西，不像阿玉那樣，把所有的錢省下來給小孩，自己一罐保養品都捨不得買。

當然，我自己做不到的事，也不會逼迫我的小孩去做，總不能我自己在追劇，卻不准啦啦看電視；自己爽吃甜點，結果一口都不讓他嚐。（小時候我常常自己跑去柑仔店買糖果，然後學大人說先記帳，我家人會來結，哈！）

當了媽媽後，我開始在臉書分享啦啦的生活點滴和可怕事蹟，無論是拿奇異筆畫牆壁、畫沙發、畫我的身體，還是拿ＯＫ綳到處貼、玩沐浴乳、捏爆牛油果、將新買的香水噴在自己的頭髮上、玩媽媽的口紅……每次都讓太太氣得要命！但事後我還是很開心，我的小孩這麼不乖。

／你不喜歡我，那是你的事＼

當了業餘部落客後，我不引戰，也不畏戰，也不想聽旁人所謂的好心育兒建議。這是為什麼我從來都不會想要以客觀的角度來寫文章給大家看，因為我本人就是個很機車、有一大堆主見的人。這種個性本來就會有人喜歡，有人討厭；不過就算被討厭，那也不關我的事。

有時我會想，如果當年我當個聽話的孩子，聽爸爸的話，國中畢業就放棄讀書去工廠當女工，現在的我會如何？是得到孝女的牌匾嗎？如果我當初聽媽媽的話去念護校，現在的我是否能夠克服看到別人流血受傷就腿軟的毛病？

如果我聽那些長輩說的話，做人要認命，不要想著出國，那麼現在的我是否會後悔，沒有勇氣踏出舒適圈，試試看自己的能耐到底有多大？

從小就不聽話的我，當了媽媽還是不聽話。所以，我允許小孩在不傷害他人、不危害自己的情況下，可以不聽我的話。即使當下我的白眼翻了好幾下，理智線重複斷裂又接上，還是會因為啦啦有自己的主見而感到欣慰，希望他可以繼續發揮腦袋裡天馬行空的想像力，最重要的是做錯了事、闖了禍，不怕讓我知道！

聽話的孩子也許未來的人生道路會比較平坦，可以少做出一些錯誤的決定，但是這樣的人生未免太無趣了！我希望我的兒子能夠像我一樣勇往直前，盡量去做一些不無聊的事、自己真心想做的事，不要讓自己的人生留白！

我希望我的兒子能夠像我一樣勇往直前，
盡量去做一些不無聊的事、自己真心想做的事，
不要讓自己的人生留白！

馬克太太的毒雞湯

何必為了討好別人，

而去做不討好自己的事？

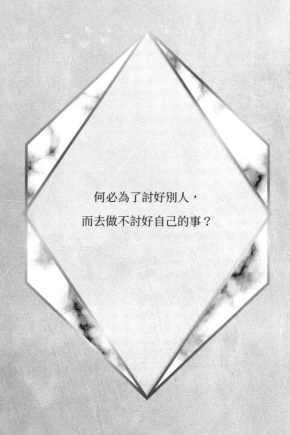

我的人生，干你啥事？

從小到大，我對於打扮這件事特別有興趣。我常常把衣櫃裡同款的衣服找出來，混搭出不同的風格，一個人對著鏡子沾沾自喜。

我媽阿玉每次看到我，常會不解地問：「為什麼妳要穿褪色衣服？這件破掉的牛仔褲需要幫妳補一補嗎？」或是問我：「妳的上衣是縮水了嗎？怎麼ㄉㄟQQ（台語「很短」）？」

反正她對於刷色衣物、丹寧布料、短版上衣的理解，統統都是瑕疵品。但她畢竟是生養我的人，了解女兒愛打扮、愛漂亮是天性。

據說我小時候奶嘴戒不掉，大人們試過了各種千奇百怪的方法，包括在奶嘴上沾醬油、加辣椒，我就是無法跟奶嘴分手，最後是姑姑靈機一動，對我說：「只要妳兩個禮拜不吸奶嘴，姑姑就買新衣服給妳！」為了擁有新衣服，我立刻就跟奶嘴說再見了。從以上這個例子應該不難了解，本人就是喜愛那些美麗的衣服，常常把五顏六色誇張地穿在身上。家門外的空地、溪流旁的小徑，都是我的時尚伸展台。

隨著年紀增長，我的服裝用色和款式也越來越大膽，在思想淳樸保守的小村落，哪裡容得下奇裝異服的少女呢？看到我的耳朵穿了兩三個耳洞，裙子長度落在膝蓋五公分以上，上衣寬鬆貼身……自然成為左鄰右舍們茶餘飯後的八卦話題。

當時的我年紀輕，玩都來不及了，哪有時間去理會那些三姑六婆的閒言閒語？喔～對了，那時流行厚底鞋，我也很愛穿，有天我踩著高高的厚底鞋去找從小一起長大的玩伴。一路上，我還小心翼翼地避開地上的石子，以免摔倒。

到了她家，兩個小女生嘰嘰喳喳地說個不停，回家前我主動邀請玩伴這個週末一起去逛街，她也興高采烈地去詢問爸爸的意見。

伯父大概不知道我就在隔壁房間，我從半掩的木門中聽到他說：「妳不要跟那種女生玩在一起，她風評很差，ㄏㄧㄠˊ機機（三八的台語），聽說她都跟不同的男生睡覺。爸爸跟妳說，妳看著，她肯定國中還沒畢業就會大肚子……」

我很疑惑，那些「聽說」到底是聽誰說的？讓他可以像是算命師一樣，鐵口直斷地說著我的未來。

莫名其妙地，愛美的我在大人的眼中變成了叛逆的不良少女。村子裡的婆婆

很多事情，不走到最後一步，誰都不能說你是錯的，
你也無須跟別人爭論，就留給時間去評斷吧！

就算失敗了又如何？跌倒了就爬起來，

覺得痛的話就放聲大哭，明天又是一條好漢。

媽媽們開始造謠說我跟男孩勾肩搭背走進了旅館。當有人說妳有問題時，妳可能會忿忿不平地說：「你才全家都有問題！」但是當不止一個人這樣說時，大家也就信了。就連知道我愛打扮的阿玉，也懷疑起自己的女兒，時不時就叮嚀我別出去丟臉。耳朵硬的我，一句話都聽不進去，依舊沉浸在盡情打扮的世界裡。阿玉氣炸了，為了別讓自己氣到腦中風，也只能睜一隻眼閉一隻眼，裝作沒看到。

從小到大，喜愛穿搭這件事，無論旁人怎麼說，我就是無法妥協。

因為大學就讀餐旅科系的關係，畢業後大部分的同學都從事餐旅業，我也不例外。來到英國後，我也想找份餐旅業的工作，只是我那幼幼班的英語口說能力，去飯店也只能做房務的工作。房務工作需要大量的體力勞動，我太了解自己是個草莓族，一定做不來。

對服裝的熱情始終不減的我，最後開啟了選物人生；白話一點講，就是代購啦！我發現自己的穿搭在粉絲專頁曝光後很受女性網友的好評，於是開始挑選一些商品在網路上開團販售。對於審美眼光還算有自信的我，會挑選有質感的衣服，不一定是精品，但一定是自己喜歡的。令人開心的是，這些商品幾乎都賣得不錯，這也讓我在競爭激烈的網購市場中殺出了一條血路，擁有屬於自己的小小事業。

成立粉絲團後，常常會有網友詢問我，「我有想做的事，但大家都說不好，我爸媽也不贊成，我應該堅持下去嗎？」、「我想要出國打工度假，但所有人都說這不是一個明智的決定，我該怎麼辦？要怎樣才能像妳一樣勇敢呢？」

我從來沒有想過，像我這樣在批評和反對聲浪中長大的平凡人，竟然會有人認同我，把我當作心靈導師。

但想想，這就是人性吧！人都有從眾性，當所有的人都說A選項比較好，就算你內心喜歡的是B選項，也不免會感到猶豫。其實，只要不傷害他人與自己，對於那些想要做的事，有什麼理由不去做呢？就算失敗了又如何？跌倒了就爬起來，覺得痛的話就放聲大哭，明天又是一條好漢。

就算所有人都說你是錯的又如何！很多事情，不走到最後一步，誰都不能說你是錯的，你也無須跟別人爭論，就留給時間去評斷吧！

話說當年那個說我國中沒畢業就會懷孕的同學父親，他的兩個寶貝女兒很年輕就懷孕，因為肚子被男生搞大了，不得不下嫁對方。在這個思想開放的現代社會，未婚懷孕不是問題，但是他卻被自己的女兒打了個響徹雲霄的巴掌。想起他當年斬釘截鐵的「預言」，你們說，我還需要花時間辯解嗎？

馬克太太的毒雞湯

那些指責你的人們，
有時只是因為
自己缺少嘗試的勇氣罷了！

Part 2

說真的，我沒空在意你喜不喜歡我

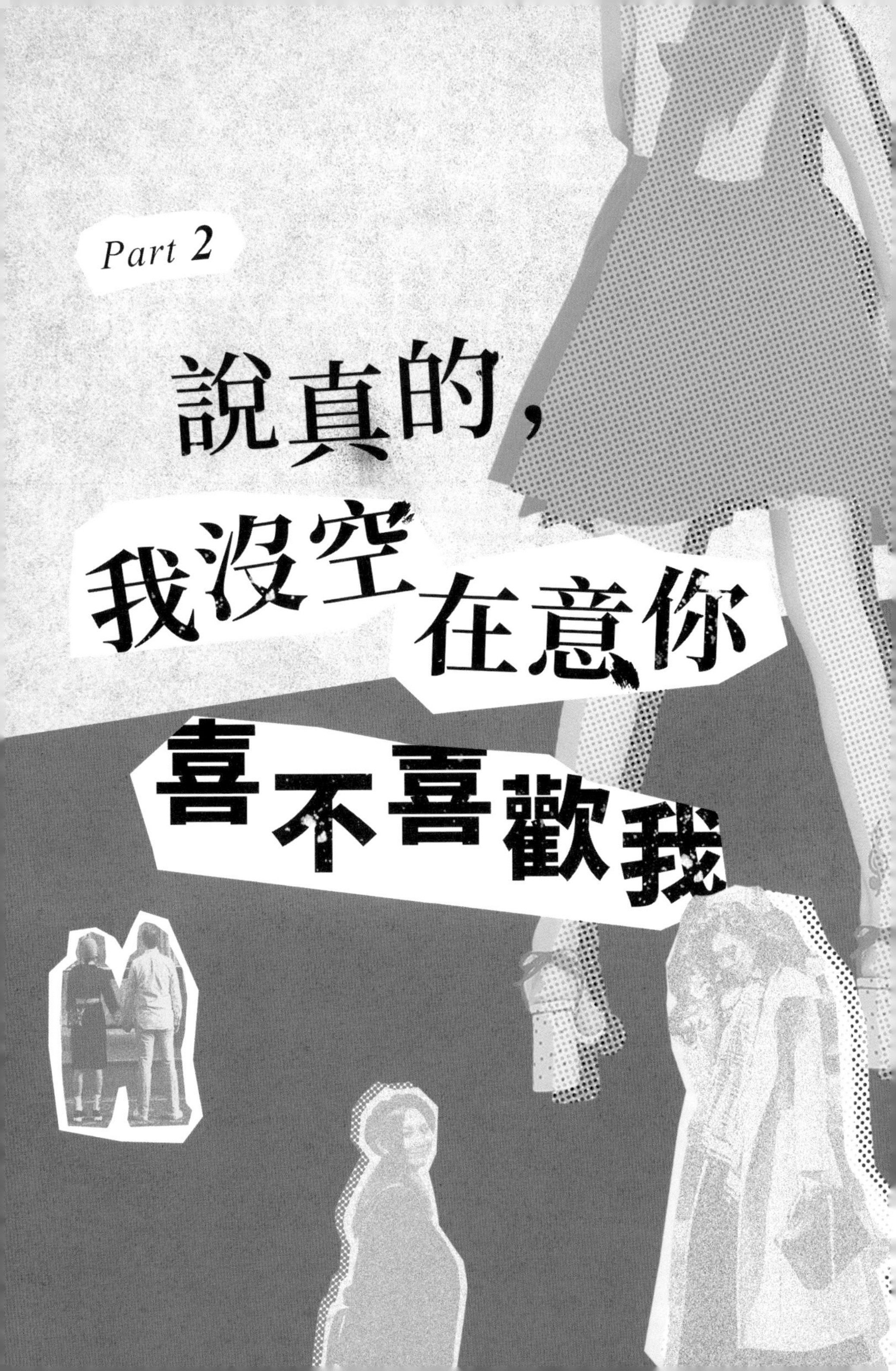

想要翻轉人生的你，別被金錢綁架了！

太太從小在一個重男輕女的大家庭中長大，我阿公在村子裡算是頗有名氣的人物，他爸爸是有錢人家的公子哥，總共娶了三個老婆，阿公是二老婆生的孩子。他們那一代的恩怨情仇我不是很清楚，不知道是不是就像婆婆媽媽愛看的灑狗血八點檔連續劇一樣，家裡經常會有三個老婆明爭暗鬥的情節上演。只知道財大氣粗的阿祖很愛賭博，因此變賣了好多土地。

阿公不知道是隔代遺傳到誰的基因，擁有一八三公分的高大身材、高挺的鼻子、深邃的濃眉大眼，跟他那些「五五比例」的兄長們相較之下，左看右看，都不像是同一個父母生出來的孩子。以他得天獨厚的外型條件加上吃苦耐勞的個性，不怕沒有女孩要，只怕大家搶著要。

在民風保守的五〇年代，前衛的阿公沒有去相親，而是走在時代的尖端，展開自由戀愛。阿公挑女友的眼光不錯，看上了有著白皙皮膚、長相秀氣且身高一六五公分的阿嬷（以那個年代來講，這可是巨人的身高！），他們交往一段時間之後結婚了。

婚後他們有了四個小孩子，我爸昌ㄟ排行第三。有了小孩後，阿公更賣力工作了，他清晨就起床去農田裡幹活，無論是插秧還是除草，一彎腰，就是好幾個小時。

到了太陽高照的正午時分，大部分農夫都會回家吃午飯、在庭院裡納涼，下午才能繼續在田裡奮戰。但是阿公實在太愛賺錢了，他抓緊這個人們都在家的時機，上門推銷商品。

炎炎夏日，儘管斗大的汗水沁濕了他的汗衫，他仍將一捲捲各種顏色的布料放在腳踏車後座，踩著會發出啪啦啪啦的聲音的腳踏板，一家一戶地詢問是否要買布做衣服。從此，阿公有了個綽號叫「賣布盛的」。

後來，阿公不只務農和賣布，也開始養豬。有了豬圈之後，土地一畝畝地買，接著又養了幾條牛，蓋起他人生中的第一幢透天厝，之後還買了一台時髦的川崎排檔車。雖然生活條件改善了，但他依然過著勤儉的生活，因為節儉對他來說不是美德，而是像呼吸空氣一般自然。

沒有任何經濟條件作後盾，只能比任何人更賣力地賺錢。
也唯有咬緊牙根奮鬥，才有機會改寫自己的一生。

白手起家的阿公一心一意忙著賺錢，將那些他日夜努力掙來的，上面印著孫中山頭像的鈔票，都存進了銀行裡，捨不得花。那些銀子後來成了兒子娶媳婦的籌碼，關於家裡每一項支出，他也會仔細地、一筆筆地寫在帳本上。

透天厝蓋好後，我們一家人跟著阿公阿嬤一起搬進去。因為長年住在一起，我與阿公阿嬤還算親近，據說小時候他們會拿著布條把我綁在背上下田做農務。而在生活中，一家人吵架拌嘴是常有的事，有時我也會厭惡阿公阿嬤的嘮叨，抱怨全家人都在阿公這個總司令的監督下，過著追著錢跑的生活。

某個稻子已收割完畢的季節，阿公依照慣例去田裡紮稻草。那天阿公與昌ㄟ在田裡忙著幹活，把紮好的稻草，來來回回地疊在三輪車上。當夕陽西下時，處理完那些乾巴巴的稻草後，他們準備打道回府。

昌ㄟ愉悅地坐在三輪車前座，阿公一個吆喝，昌ㄟ將三輪車油門用力一踩，就往前衝。誰知，一股衝擊力讓他的身體突然倒彈回來……接著昌ㄟ聽見背後出現一陣哀嚎聲，回頭才發現阿公早已消失在三輪車上。他急急忙忙地跳下三輪車，只見阿公躺在粗糙又乾巴巴的稻草上，起不了身。

那天放學回家，才八歲的我，其實不太明白發生了什麼事情，只聽到大人們個個臉色鐵青，一副擔心的表情。他們七嘴八舌地說著阿公的脊椎摔斷了，被送進開刀房，意識不清，已經氣切了……幾天後，大人們又說，住在加護病房的阿公全身都癱瘓了，只是這次他們的聲音從著急變成了無可奈何。

阿公出院回到家後，躺在和式房間的床上，那是一張特地為他而買的，能夠調整升降高度的床。從此，照顧阿公的責任就落在阿玉身上。

照顧一個全身癱瘓、插著尿管的病人，不是孝心就能支撐下去的，還要面對沉重的經濟壓力與一家人每下愈況的生活品質。那時昌ㄟ與阿玉常常為了錢而吵架，阿公也吵著說要喝農藥自殺，或是咬舌自盡。

我還記得那時阿公覺得我很不聽話，會跟他搶電視，要求阿玉抓著我的頭跪在他的面前，教訓給他老人家看。為了「孝」字這個緊箍咒，阿玉只能照辦，她一邊用手鞭打我，嘴裡也不忘教訓著。

沒多久，阿嬤罹患癌症，醫生說這可是比中獎都還難的陰唇癌。大概是長期與阿玉這媳婦相處習慣了，阿公和阿嬤說什麼也不願意給其他兒女照顧，最後大家決議出錢請菲傭來看護阿嬤。而我們幾個小孩子也會定時幫阿公按摩，避免他的手腳因長期臥床而萎縮。

家裡這兩個病人幾乎每兩三個月就往醫院跑，讓昌ㄟ與阿玉疲於奔命，無法外出工作，只能在家裡的倉庫縫製塑膠雨帆。身為長女的我也開始成了小小童工，放假時得去田裡幫忙插秧，或是推阿公出去散步，和昌ㄟ一起摺雨帆，更不用說照顧弟妹也是我的工作。

／一時歡愉，墜入更深的慾望深淵／

鄉下人過年時閒閒沒事，很容易聚在一起賭博，通常是玩骰子比大小。某一年過年，昌ㄟ有了發財夢，也出去跟別人比大小。若是比丹田比罵人，我相信他絕對是穩穩地中頭彩，可惜比運氣，就是比人背，最後當然是輸到脫褲藍（「輸到一無所有」的台語），最後只能去銀行借錢。

家裡微薄的收入，自然撐不起一家人的生活，除了阿公阿嬤的醫藥費，還有每個月的銀行貸款要支付，隨著四個小孩一天天長大，我們的生活一天比一天艱辛。阿玉眼看這樣下去也不是辦法，於是跟阿公商量，想要賣掉部分的田地，換些銀子來餬口。阿公聽了勃然大怒，說不准賣就是不准賣！這下子，再也沒有人敢提起這件事。

後來的日子，我只記得每天就是聽昌ㄟ咆哮，對著阿玉問候她的祖宗八代。阿玉沒有其他出口可以宣洩情緒，只能對著我們這些小毛頭出氣，常常對著我們大吼：「都是你們的錯」、「都是你們害的」！

國三那年，阿公離開了這個世界。如他所願，他到死前都守著他的田地，一畝田都沒賣掉。看到他闔上眼睛的那一刻，阿玉與昌ㄟ在不捨之餘，也忍不住大大地鬆了一口氣。

／悲劇之所以是悲劇，是因為總是重蹈覆轍／

回顧阿公的一生，我打從心裡覺得這是一場很難笑的笑話。

我能理解阿公因為父親沉迷於賭博，讓他沒有任何經濟條件作後盾，只能比任何人更賣力地賺錢。也唯有咬緊牙根奮鬥，才有機會改寫自己的一生。他認真計畫所走的每一步路，花的每一分錢，把辛苦掙來的錢換成一張張地契藏在箱子底下。只是，這世界上唯一不變的就是改變，計畫常常趕不上變化，意外就突如其來地找上了門來。

阿公在身體癱瘓後，意志消沉，也不願接受現實。他知道自己意氣風發的時

這世界上唯一不變的就是改變，計畫常常趕不上變化，
意外就突如其來地找上了門來。

代已遠去，手裡緊握住那些地契不肯變賣；他的眼裡也看不到親人的關心，小孩不聽他的話時，甚至要求阿玉打小孩來證明自己還是一家之主。到頭來，全家人每天都生活在充滿火藥味的戰場，籠罩在窮困、爭吵不休的惡性循環之中。

他的兒子昌ㄟ承受不了長期入不敷出的沉重生活壓力，開始發夢賺大錢，也因此負了債。最後繞了一大圈，阿公表面上靠著自食其力改寫了自己貧困的命運，其實比愛賭博的阿祖更可憐。至少阿祖在賭桌上跟人比輸贏時，還有一瞬間的痛快，而阿公最後只能和那些捆得牢牢的黃色紙錢，一起安安靜靜地躺在棺材裡，結束了這一生。

馬克太太的毒雞湯

努力掙錢卻不懂得生活的你，

繼續守著你的錢財吧！

反正哪天你雙腳一伸，

自然有人會幫你花完它。

到底是養兒防老，還是養兒煩惱？

我是家裡的長女，即便很多兒時的記憶已不復記憶，但是從那些有點泛黃、畫質不是很清晰的相簿裡，不難猜到，曾經我也是個被大人捧在手掌心的小公主！不是我臭屁，我小時候每本相簿的厚度都和《不列顛百科全書》不相上下。

有一天，我媽阿玉抱了一位小人兒回家，這個小人頭超大，五官皺成一團，手和腳肉肉的，是個體重四千多公克的巨嬰。全家人都歡天喜地告訴我，這小人兒是我的弟弟。在那一刻，不管願不願意，我都得從公主退位了。

其實我對姐姐這個角色不是很清楚，但是當了姐姐後，突然間，家人對我的關注也降低了。在大人們的眼神攻勢下，玩具只能讓給香火（家裡的男丁），替大人跑腿的任務也落在我的身上。每天下午，只要我爸昌ㄟ一聲令下，就得從他手上畢恭畢敬地接下紅色百元大鈔，穿上我那雙印著公主圖案的粉紅塑膠拖鞋，啪噠啪噠地走去村子裡唯一的柑仔店，大喊著：「阿婆！溫爸爸袂青仔五十（青仔是檳榔

沒有人可以選擇自己生在什麼樣的家庭，

但要過怎麼樣的人生，是有選擇的。

的其中一種吃法）。」

小時候，我跟香火的感情還算不錯，我們常常一起去小溪旁抓福壽螺。香火的模仿能力與記憶力非常好，像是周星馳電影裡的台詞，他都能夠倒背如流。有香火當我的開心果，逗得我哈哈大笑，生活也挺有趣的。

香火喜歡運動，為了能讓他在這方面有好的發展，香火國小一畢業，昌ㄟ和阿玉就含淚將他送到一所專門培訓運動員的中學就讀，開始了寄宿生活。

國中畢業前，昌ㄟ希望我不要升學，他覺得女孩子不需要讀那麼多書，也因為我是長女，他要我扛起責任，去工廠找份工作當女工，幫忙家裡還債。

同一時間，香火的學校準備參加韓國球隊的友誼邀請賽，阿玉知道後，拿出女人擠乳溝的功力，這邊擠一擠、那邊湊一湊，就這樣湊成了旅費。香火開心地拎著父母新買的旅行箱，去韓國玩了幾天。而當他在國外快活時，我和昌ㄟ與阿玉正在台灣銀行的二樓，手握著原子筆，忙著簽下各種辦理就學貸款的文件。

在傳統家庭，負責傳宗接代的男丁特別重要，女兒長大以後嫁出去就像是潑出去的水，總有一天是別人的。雖然我與妹妹們都很羨慕父母對香火的關愛，但身為女孩，只能全力支持家裡唯一的男孩子。

香火專科畢業後，沒有繼續往運動員這條路發展，原因不明。他和軍隊簽下了合約，說要去保家衛國，當起了志願兵。職業不分貴賤，何況這是鐵飯碗，就算當不成意氣風發的運動員，當個堂堂正正的軍人也不錯。

／女兒天生就是命賤＼

學生時期，每個月大姨媽來報到時，我的肚子經常痛到想在地上打滾！一顆顆白色的普拿疼，對我來說早已起不了什麼作用。有次我實在痛得受不了，跑去醫院做檢查，醫生看完檢查報告之後說我的子宮裡長了巧克力囊腫，必須動手術拿掉。他還好心提醒我，若沒保險的話要趕快去投保。

聽到這些話，我頓時覺得青天霹靂。但我強忍住內心不安，將摩托車的油門催到底，回到了租屋處之後，立刻打電話告訴阿玉，說我需要一筆錢來開刀。

她當然是一口回絕，表示家裡沒有錢。我不死心地說，難道沒有錢的人就沒資格生病，生病了就只能聽天由命嗎？後來我抱持著或許是誤診的期待心理，跑了好幾家醫院，結果還是一樣。最後我又回到嘉義，給當初替阿玉接生、迎接我出生的老醫生檢查。

老醫生說：「不用開刀啦，等以後妳生小孩時，再一起拿掉就可以。」

他的話給了我一些安慰，當時的我心想，反正沒有錢，沒有其他的路可走，這樣也好。

之後，阿玉還是沒有捎來一句關心的話。但是我知道她很辛苦，她的堅強和忍耐，一路上我都看在眼裡，也知道家裡的狀況真的不好，哪狠得下心來怪她？只是那一刻我很清楚明白，沒有家人和經濟條件做後盾，唯一能依靠的人就是自己。

多年以後我才知道，當我被醫生診斷出需要開刀的同時，香火不知發了什麼神經，竟然跑去賭博，結果輸了幾十萬元。阿玉堅信香火是被朋友帶壞的，一定是他們設下了騙局，香火才會跳入陷阱。眼看著原本乖巧的兒子遭人陷害，她怎能坐視不管？於是瞞著昌ㄟ，私下幫香火解決了這筆龐大的債務。

沒錯！在我面臨健康的難題時，她選擇了替香火擦屁股。我不確定她沒有選擇我的原因，是否因為我是女生不值錢，還是我沒有比弟弟乖？所以我生病，是我活該！

一個人的生活能否過得精采，
就看各人的本事了。

╱不讓孩子自己擦屁股，烙賽就不會停止╲

身強體壯的香火，不當保衛國家的軍人後，不是在遊走法律邊緣的當舖幹活，就是幫討債公司工作，很少回家。一開始昌ㄟ與阿玉都苦勸他要回頭是岸，眼看著勸不動，只能暗自祈禱著寶貝兒子別傷害他人，也別被傷害才好。

後來，香火似乎發財了。有段時間，每次見到他，身上總是穿金戴銀的，脖子上的金項鍊，閃到讓人眼睛睜不開。他的手指套著核桃般大小的金戒指，因為經常應酬的關係，啤酒肚也跑出來了，走路大搖大擺，像是古代皇帝一樣。他說話時趾高氣昂，盛氣凌人，而大家也都順著他。有時不小心瞥到他兇神惡煞的眼神，我都會想：到底是人的個性會改變，還是他骨子裡就是這樣？

十年來，香火烙賽烙得一次比一次嚴重，昌ㄟ和阿玉怎麼替他擦都擦不乾淨，最後連父母都拿不出錢幫忙處理善後，香火竟然跑路了。這一跑路，債主當然就是找上家門，就連我的粉專後台也被拜訪了。

那年我帶著小孩回台灣，遇見地下錢莊的人來討債，他們在家裡大呼小叫的，似乎想要對昌ㄟ上演全武行！有的債務人則是跑來找阿玉，聲淚俱下地向她哭訴香火的種種罪狀。這時我才知道，昌ㄟ早已賣光家中所有的土地，給香火擦屁股去了！

我能理解上一代父母有著重男輕女、養兒防老的傳統觀念，不是可以輕易改變動搖的。在資源有限之下，很多父母不得不犧牲女兒的利益來成全兒子，但這不是他們的本意。

從有記憶以來，每天都看著我爸昌ㄟ和我媽阿玉為了金錢的事吵翻天。我始終忘不了國中畢業前夕，當所有同學都開心地準備升學時，我卻為了要不要繼續念書跟昌ㄟ討價還價，最後起了不小的爭執，這件事也在我心裡蒙上了一層陰影。到了十七、八歲時，我再也受不了家裡永遠籠罩著一股低氣壓，決定搬出去住。

若你問我怪不怪昌ㄟ和阿玉？說從來不怨，肯定是騙人的。不過，看到香火的下場，我也漸漸釋懷了。在人生某些時刻，我甚至感謝昌ㄟ和阿玉沒有幫我解決太多金錢上的問題，否則我也不會靠著自己的力量，在社會上打滾，經歷各種挫折，一路走到了今天。

沒有人可以選擇自己生在什麼樣的家庭，但要過怎麼樣的人生，是有選擇的。而一個人的生活能否過得精采，就看各人的本事了。

馬克太太的毒雞湯

有人說，這世界不公平，
為什麼有些人
可以含著金湯匙出生，
一輩子不愁吃穿？
我也不知道，
因為我是含牙齦出生的。

不要拿「做自己」當作自私、自目的藉口

念大學時，我對於那些可以隨時向父母伸手拿錢，享受著不虞匱乏的物質生活的同學們，實在好生羨慕。我對自己說，哪天有能力的話也要上高級餐館，買下百貨公司櫥窗裡展示的最新款式衣服和包包。

到了大四，我開始打工。打工絕對是一件可以讓人體會到掙錢有多麼不容易，以及靠自己的努力得到報酬是多麼有成就感的事。記得人生中第一次拿到薪水時，我上餐館點了一份三百多元的套餐，又去夜市買了幾件三百九十元的衣服，並為自己有能力自給自足而感到沾沾自喜。

那段時間，「愛自己」這三個字成為時下最火的流行金句，許多談話性節目、暢銷書籍和雜誌，甚至一些名人都在談論這個話題。不知從何時開始，我把每個月的薪水都砸在購物享受上。心想，這就是愛自己的表現吧？

我媽阿玉看到我衣服一件換過一件，偶爾會碎唸一番：「要節省啊！」她本

身就是嘴巴很唱秋（台語「囂張」）的人，身為她的女兒，當然是青出於藍勝於藍。我用一句「誰要跟妳一樣，一輩子都過得那麼苦，不懂得愛自己」來頂回去，就讓阿玉頓時啞口無言。

大學畢業後，我把愛自己的境界提升得更高了，開始刷信用卡買下高單價的衣服、鞋子、手錶、包包。那些東西雖然都不是天價，不過以當時我一個月兩萬出頭的薪水，還要繳學貸和房租的情況來說，算是相當奢侈。每個月領到的薪水就跟月經一樣，頭幾天量很多，一週後就花完了。可想而知，最後我背起了卡債，學貸也得仰賴阿玉幫忙支付。但是，即使處在這樣糟糕的狀況，我還是認為買東西來犒賞自己是愛自己的表現。

為了購買想要的東西，我常常不吃飯，就連五十元便當都嫌貴，有時連去7-11買飲料都得考慮很久。矛盾的是，要我掏錢買下一件兩千元的衣服卻不眨眼，只因為我很享受那種別人看我每次出門時都穿著不重複的衣服時，所投注的羨慕眼光。

直到信用卡的額度只剩下幾百元，當時的男友因為經濟因素離開我，一起玩樂的朋友也漸漸離開了，我才意識到，並不是花大把鈔票在自己身上就是善待自己。當你的消費行為超越了自己所能負擔的範圍，只會讓你的生活過得困苦，把自

愛自己的基本條件是吃得好、睡得好，身心健康，
如果這些都做不到的話，還談什麼愛自己？

己往社會更底層推，何來的「愛自己」之說？愛自己的基本條件是吃得好、睡得好，身心健康，如果這些都做不到的話，還談什麼愛自己？而那些會讓你變得更糟糕，或帶給別人困擾的事情，都不是愛自己的表現。

有段時間，我周遭的朋友大洗牌，一個個從我的身邊消失了。心裡雖然難過，但想著「天下無不散的筵席」，大概是緣分到了唄！最後，同時期的朋友只剩下S和M還在身邊，我很感謝有這兩位朋友，不過感恩歸感恩，大多數的時候，我一心想的還是只有我自己。

有天，S突然消失了幾天，再次收到她用手機傳來的訊息時，卻是傷人的話，她覺得跟我當朋友太累了！為此，我跑去跟M哭訴，M說像我這樣的個性，她一點也不意外S不想理我。

那時我們正在餐廳吃飯，我慌張地解釋：「我真的沒有想那麼多……」

M冷笑了一聲，接著說：「妳都幾歲了？每次做事都這樣，一句沒有想那麼多，就要別人幫妳收尾，可以拜託妳想多一點嗎？」

M口中所說的每一句話都像針一樣，深深刺進我的心裡，讓我無話可說。但當下心裡還是超不爽的，我天真地以為，如果是朋友，就不應該這樣直接了當地對待我。

最後，討拍不成，我又失去了M這位朋友。

當然，M遠離我不只是單單為了那件事，與她來往的那幾年，她對我可是義氣相挺。只是以前的我很任性、我行我素，講話口無遮攔，做事不經大腦，想怎樣就怎樣。

不經一事，不長一智，在愛自己這件事上，我也是繞了好大一圈才懂得什麼是真正的愛自己。所謂的「做自己」並不是白目、自私。

原本以為資訊發達的今天，愛自己是人人都能輕易學會的事。但是，上網隨便一查，做自己與愛自己的文章，仍然多到氾濫。或許很多人也和我一樣，曾經誤解了愛自己的真正意涵。像我的YouTube頻道、臉書粉專，常常有些人會留下左看右看就是在攻擊別人的文字，但他們卻以「做自己」、「講話比較直」來合理化自己不禮貌的行為。要知道，做自己與自私、白目之間就只有一線之隔啊！

要知道，

做自己與自私、白目之間就只有一線之隔啊！

馬克太太的毒雞湯

你可以任性做自己，

但前提是，

不帶給任何人麻煩與傷害。

你可以生氣，不可以放棄

那一年結束日本打工度假，回到台灣之後，我爸昌ㄟ與我媽阿玉每天都碎唸我，為什麼不去找個正職的工作來做？其實我不是不願意找工作，而是不想繼續留在台灣，不甘心年紀輕輕的自己就這樣定下來。我也擔心一旦生活變得安逸之後，就再也沒有勇氣出去闖了。

另一個原因則是我手上還有一張早就申請下來的澳洲打工度假簽證與一張飛墨爾本的單程機票，實在是心癢難耐啊！但我在日本打工時沒存到錢，無可奈何之下，腦海裡動了去銀行申請打工度假貸款的念頭（大家不要學，很容易背一堆債務在身上喔）。那天我一走進銀行，遠遠地就看到坐在櫃檯上辦理業務的行員竟然是我舅舅，當下實在沒有臉跟他說我要借錢出國，拉著同行的妹妹就跑出了銀行大門。

在因緣際會之下，我從一位在澳門工作的朋友口中得知，某間澳門酒店在召募酒吧服務生兼領檯。為了不想留在台灣，我立馬申請，經過面試後順利地拿到了這份職缺。

／澳門是淘金天堂，也是人性試煉場／

澳門的物價是台灣的好幾倍，服務生一個月的薪水加上小費七萬以上是基本的。但澳門也是個紙醉金迷的地方，百貨商場裡販售一堆奢華的品牌，賭場裡更是夜夜笙歌，一個不小心，很容易就會迷失了自我。

酒吧的營業時間是從晚上八點開始，每天晚上七點上班，凌晨四點下班，遇到特殊節日時，工作到清晨五點或六點都是常有的事，一週也只休息一天。

上班第一天，我就見識到很多上門的客人們，擺出一副「花錢就是大爺」的樣子。對澳門的有錢人來說，在賭桌上一擲千金就跟喝水一樣平常，而所有店家自然都想要拉攏這些出手大方的客人，我們的酒吧也是一樣。畢竟澳門就這麼大，同業之間競爭又激烈，如何讓客人願意大駕光臨，感到賓至如歸，靠的就是店家的手段囉！這也是為什麼有幾位女同事特別會哄客人，她們覺得讓客人摸摸小手、吃吃豆腐也無妨，只要客人一開心，出手就闊綽，甚至還會送禮物給她們，何樂而不為呢？

酒吧裡因為常有喝到ㄎㄧㄤ掉的客人鬧事，因此請了兩位來自東歐國家的保全在店門口站崗，他們都是經過挑選的，體型高大又壯碩。

夜晚的澳門跟白天完全是兩張面孔，有天晚上我出門吃晚餐，途中遇上了保全A，他親切地問我要不要一起去吃飯？既然大家是同事，我一口就答應了，飯後還跟他到公園聊天，直到深夜才各自回到宿舍睡覺。

想不到隔天就有我跟保全A約會的傳聞出現，而另一位保全B也很不客氣地在我面前調侃地說：「如果要約會可以去旅館，何必在外面給大家看呢？」

我聽了很生氣。也許是害怕自己的名聲變得不好，硬要拉著對方說清楚不可！而保全B聽了只是輕浮地說著：「妳們台灣女生都一樣，每個都說不會，結果還是跟人家上床了！」

這句話點燃了我心中的怒火，挑釁地推了他一下。身高一八五公分的壯漢，哪是我能推得動的？我還倒彈回來，不開玩笑，真的是倒退了兩三步。

他冷冷地看了我一眼，就笑笑走人了。

那晚酒吧的客人特別多，酒店的主管也上酒吧來飲酒，其中一位主管見到

親愛的，無論是職場言語霸凌，還是性騷擾，
只要妳覺得不舒服，那都是不對的行為。

我，問我是不是新來的？我也有禮貌地回應他。

這時保全B走過來，跟主管打完招呼後，話鋒一轉，指著我說：「她單身，可以當你的女朋友唷！」

那位主管不知道是真的醉了，或者喝了酒後膽子大了，一把摟住我的肩膀，無論怎麼閃躲也沒用。

我以為保全的工作應該包括保護店裡的服務生，於是用眼神向保全B求救，甚至開口請他把主管拉開。但他只是繼續鼓譟主管，接著那位主管的大手伸進我的上衣背後，我嚇得不管三七二十一，奮力地推開了他。

這件事之後，經理與其他主管都覺得我太小題大作了，就連同事都說，在酒吧工作肯定會遇到這些事，妳怎麼會沒有覺悟呢？甚至有人說，如果做不來就回台灣，別在澳門賺錢！

或許這裡的風氣就是這樣，更別說想要調現場監視器還我一個公道，是不可能的事。想到合約在身，薪水也確實誘人，我只好把一口鳥氣給吞下肚子裡，希望胃酸能快點消化它。

這家酒吧的怪人很多，像是吧台調酒師脾氣很差，總是一副跩跩的模樣（或許這樣才能顯出專業吧？）。總之，他是這家店唯一可以臭著臉上班的人，而且他喜歡找人嬉鬧，大家都得奉陪。很多服務生跟他「玩」得手臂瘀青，偶爾他還會把服務生的絲襪扯破，然後哈哈大笑。

看到他，我能閃多遠就有多遠，尤其想到他喝醉酒後的畫面，更是敬而遠之。

某天我正在收拾餐盤，他從遠處走來，對著我笑一笑，接著一巴掌就從我的臉搧下去……在我還來不及反應過來時，他已經笑嘻嘻地走掉了。

我氣得跑去向經理告狀，站在一旁的調酒師還一副痞痞的樣子說：「只是開個玩笑啊，玩不起就不要在這裡工作！」

當場沒人幫我說一句話，或者應該說沒人敢吭聲。

我實在忍無可忍，也不知道哪來的勇氣，走向那位調酒師，用我全身最大的力氣賞了他一巴掌，而他的眼鏡也被這一掌給打飛了。

接著，我努力擠出了笑容，說：「開玩笑的。」

平常沒人敢這樣對調酒師，於是他像是發狂一般說要揍我，原本袖手旁觀的人發現事情鬧大了可不好，立刻上前抓住他的手，避免他一時衝動，做出暴力的舉動來。

接下來的日子，我自然成為店裡最不受歡迎的員工。主管們都說我太難搞、又愛挑撥離間，甚至開會時直接了當地和其他同事說，請他們遠離我。而那些原本與我有過節的人，此後再也不敢在我面前借酒裝瘋了。

職場黑暗，人心險惡，成為很多人的夢魘。有些人在工作中即使受了委屈，也不敢吭聲，害怕因此招來同事的嫌惡；甚至在工作應酬時面對主管或客戶借酒裝瘋吃豆腐的場面，也不敢說話，擔心被說成是小題大作，或是因此丟掉了飯碗。

親愛的，無論是職場言語霸凌，還是性騷擾，只要妳覺得不舒服，那都是不對的行為。倘若妳不提出抗議，等於是默許那些人的行為，他們也會因為妳的善良軟弱而更想要欺負妳。

以牙還牙、以暴制暴或許不是最好的做法，但是遇到不合理的情況時，請拿出女人「一哭二鬧三上吊」的本領來，千萬不要放棄！就算妳的反抗無法伸張該有的正義，請相信我，那些想要欺負妳的人，下次一定會三思而後行。

以牙還牙、以暴制暴或許不是最好的做法，
但是遇到不合理的情況時，
請拿出女人「一哭二鬧三上吊」的本領來，
千萬不要放棄！

馬克太太的毒雞湯

被欺負時

請使出一哭二鬧三上吊的招數，

畢竟大家都怕會大吵大鬧的人。

這世上沒有三觀一致的人，請尊重和你不同的人

我一直不能理解，為什麼市面上很多探討人際關係的書籍、甚至很多部落客都在教導大家做人要圓滑，才能獲得眾人的喜愛？彷彿那些不受歡迎的人，生活就過得不幸福似的。

說實在的，討人喜愛這件事，絕大部分跟個性有關。我本人天生有社交障礙，常常是在團體之中不怎麼討喜的角色。而在團體中，總是會出現一兩個比較有話語權的人，以及對什麼事情都沒意見、配合度高的人。有話語權的人通常比較受到愛戴，講話時有一定的分量，但不知為何，看在我眼裡，總覺得那些配合度高的人，內心並不是真的心甘情願這麼做。像我這種不愛配合別人的個性，自然不在受歡迎的隊伍之中，而這種人不被排擠，要排擠誰？所以，我在小學時就被班上同學排擠了。

被排擠的日子真的很痛苦，我不懂自己到底做錯什麼，為什麼會受到如此不

平等的對待？為了不讓自己成為下一個箭靶，其他同學也不敢跟我搭話。這種冷暴力，對被排擠的我來說，在教室裡的每一分鐘都像是度日如年般難熬。

那種沒人理會的感受，不是向老師打小報告說「他們都不理我」就可以解決的，也不是回到家後跟爸媽訴苦，然後聽他們說一句「不要理那些人」就沒事。孩子的世界並沒有大人想得那麼單純。

有一天，我發現班上同學很喜歡欺負一位智能不足的學生，當大家捉弄他時，旁邊的人都會哈哈大笑！當時也不知道哪裡生出來的念頭，我走向前去，和大家一起欺負那個同學。

我踢了他一腳，把他桌上的礦泉水倒掉，裝入自來水，在他喝下的同時，所有人都笑翻了！就在那一刻，我彷彿從同儕之中，找到了歸屬感；也在那天之後，我從被排擠的名單中給剔除了。可是，我要付出的代價是，每天得挖空心思想新的點子，來欺負那個根本就不會反擊的同學。

每一次當我戲弄他時，雖然贏得了大家的笑聲與認同，但內心卻有莫名的不安與恐懼；因為我知道，我只是踩著這個人的弱點，來保護自己免於成為下一個被攻擊的對象而已。因此，每天去上學時，心裡都抗拒得不得了！

每個人的成長背景不同，這世上沒有真的三觀一致的人；
所謂三觀契合，不過是尊重彼此的不同罷了。

有天，我又開始捉弄那位同學，但不知怎麼的，他伸出手反抗，手往我的臉上揮過來。眼看著自己的面子快要掛不住，我的腎上腺素頓時升高，看到桌子上有一支藍色原子筆，右手一抓，就直接往那位同學的大腿刺下去，接下來映入眼簾的是他大腿上的鮮血「嘩」地湧出來……

當下，整個教室的空氣都凝結了，我的耳邊也只剩下那位同學的哀嚎聲迴盪著。

不知所措的我全身僵硬地呆呆站在原地，不知道該怎麼辦才好，真的是嚇壞了！

那些平常會在一旁鼓譟的同學全都鴉雀無聲，彷彿全世界只有我是唯一的壞人，他們都是冷眼旁觀的路人一樣。

經過這次意外事件，我原本以為自己會受到師長嚴厲的懲罰，但是因為那位同學的表達能力不好，不懂得去跟他們告狀，所以我很幸運地逃過了一劫。

幸好他的大腿後來沒什麼大礙，隨著時間傷口癒合，這件事也就如同船過水無痕一般，逐漸被人遺忘。只是，那天以後，我再也無法欺負他了。每每想到他嚎啕大哭的那一幕，心裡就覺得很自責，更是無法原諒自己。那份罪惡感一直縈繞在我的心頭，揮之不去。我曾試著用開玩笑的語氣向那位同學道歉，但他似懂非懂地看著我，好像記不起發生過什麼事，只是傻傻地對著我笑。當我不再霸凌他後，又變回了班上的邊緣人。同學之間開始流傳著我是瘋女人的八卦，說我常常情緒失控，於是跟我搭話的人更少了。

後來的求學日子，我多多少少還是會在班上受到一些人的排擠。我曾經反省過自己無數次，到底是哪裡做得不好才會如此惹人厭？或是我又招惹了誰？結果想破頭也想不出來。

不過，隨著年紀越來越大，我終於理出了一些頭緒。或許大家並不是真的都很討厭我，而是人與人之間總是會有彼此看不順眼的地方。本人天生顴骨高，臉型有些稜角，加上眼尾上揚的鳳眼，給人一種高冷的感覺，因此有些人會在第一次見到我時抱持先入為主的觀念，認為我是一個不好相處的人。偏偏我的個性又慢熱，於是就這樣被貼上了難搞的標籤。

在團體之中最怕落單，當大家都這樣說時，自然沒有人想要主動靠近我。但是，不管在學校還是職場，相處一段時間後，我最常聽到的話就是：「原來妳不是大家說的那樣啊！」

當我還是職場小白時，曾在一家日系服飾店工作。服飾業的門面很重要，每天一開店的工作就是打掃，而個性單純的我，主管沒有交代要打掃的地方，就真的沒有打掃。到了隔天，副店長直接在交接本上面寫：「上早班的人不要這麼不負責任好嗎？」全店的人都知道他說的就是我，我看到之後臉都紅了。

沒多久又發生了同樣的事，只是這次的主角不是我，是另一位同事。當時我以一副看好戲的心態，等待著主管發飆。但是等了好幾天，一切風平浪靜，連個小漣漪也沒有。我才知道那個同事和副店長關係很好，是他眼中的紅人，待遇自然大不同。

心理學書中有個「確認偏誤」的心理學現象，意思是人們往往傾向親近與自己想法雷同、認同自己的人。所以，如果你想要拉攏人心，就要想辦法讓對方覺得你們三觀一致，或是同一國的。

在職場上，一個做事八面玲瓏、懂得看別人臉色、讀得懂空氣的人，很容易如魚得水。若你的個性和我一樣，屬於外冷內熱型，又不擅長社交，真的不用氣餒。

每個人都是獨立的個體，要是彼此真的合不來，也不需要勉強配合。因為演

與其花時間和心思去討好那些不喜歡你的人，
不如把力氣花在值得的人身上。

來的，終究是演的；隨著時間過去，說不定你還會懷疑起自己是否人格分裂，何苦呢？

畢竟，每個人的成長背景不同，這世上沒有真的三觀一致的人；所謂三觀契合，不過是尊重彼此的不同罷了。所以，與其花時間和心思去討好那些不喜歡你的人，不如把力氣花在值得的人身上。

馬克太太的毒雞湯

人多的一方不代表正義。
傷害別人得來的認同感，
無法讓人心安理得地接受它。

即便你是匹黑馬，跑錯方向，還是不會遇到伯樂

大學四年級時，空堂爆多，我積極地想找份兼差來做，然後在一家籌備中的咖啡館找到了服務生的工作。由於是新開的店，所有員工都互不認識，也就不用擔心如何打入小圈圈的問題了。但也因為大家都是新人，有人學習的速度快，有人慢半拍，我的個性好強，當然不可能讓自己成為那個墊底的人。

經過一個月緊鑼密鼓的職前訓練期後，咖啡館正式開張了。這家店總共有六位服務生、一位吧台，店面有兩層樓外加地下室，當全部座位都坐滿時真的會忙到爆炸！

還記得第一天開幕時，我從早上十點一路站到晚上將近十二點才下班，不是老闆不人道，而是我自願留下來幫忙。不知道為什麼，當時的我就是很拚，甚至誇張到放假也要去店裡頭，看看有沒有什麼需要幫忙的地方？（明明只是工讀生的我，心態上真的是比老闆還像老闆。）

興趣要成為工作本來就不容易，
如果它能成為你的生存技能，
是一件幸運的事；
若是沒有這樣的好運，也是正常的。

在工作中，我幾乎是個從不說「不」的員工，即便心裡感到不悅，嘴巴上回答的永遠都是「好」、「是」，就只為了獲得老闆的肯定。老闆做人很明理，但他總是會問大家：能不能假日來上班？能不能早點來支援？當時大四要做專題的我，常常忙得焦頭爛額，但只要是老闆交代的任務，都會上緊發條，全力以赴地去做！若你以為我是為了薪水才這樣做就大錯特錯了！我所做的一切是為了要證明自己是個特別的員工，想讓老闆知道，我對這家店來說有多重要！（一心想得到老闆的讚美的我，甚至有一度還誤以為自己像小說情節一樣，愛上了老闆？哈~我發誓真的沒有！）

老闆第一次創業，很有自己的想法，換個說法就是他的心思很難捉摸。追求完美的他，常常訓誡員工，店內的流動率也因此提高了。

很多時候，我其實看不慣老闆這樣的作風，但還是每天乖乖地去上班。直到有一天，店裡又來了一位新來的員工，我發現老闆似乎特別喜歡他，兩人也很聊得來，讓我的心裡很吃味！我心想，老娘工作這麼努力，卻沒有得到一句謝謝，那些付出的心血到底算什麼！

有一天放假時，我又繞去店裡，有個女同事看了看四周，確保沒有人聽到我們的對話之後，壓低聲音對我說：「老闆覺得×××很適合提拔起來站吧台，他覺得妳不能勝任……」聽完後我的臉都歪了！年輕氣盛的我，完全無法掩飾內心的憤怒，想去找老闆理論，但礙於還是營業時間，強忍住了心中的怒氣。

等到客人都離席之後，我怒氣沖沖地衝進辦公室質問老闆：「你有什麼不滿可以直接對我說，私下說我的壞話算什麼！什麼叫做我沒能力站吧台，你說我哪裡沒能力？」

老闆一頭霧水地瞪大眼睛看著我，完全是一副狀況外的樣子。他無法理解這個員工在發什麼神經，除了說沒有以外，也沒有再多做解釋。

一個員工以這種囂張態度對待主管，沒有馬上被轟出去，就該偷笑了。當下的我覺得丟臉又尷尬，只好不負責任地說一句「好」，就逃離了現場。現在回想起來，真的很感謝老闆的寬容。

那次爭吵之後，我還是持續在那家咖啡廳工作，總共待了四年多，也從原本的打工仔，轉成正職服務生。

昌ㄟ和阿玉對於我當服務生很不滿意，他們認為這是很低階的工作，我卻不以為然。我認為一個好的服務生能帶給客人愉悅的消費體驗，服務生的工作也是有學問的。譬如：當一層樓被包場時，要怎麼幫客人點餐、送餐，才能讓流程更順利；要如何帶客，才能減少大家走動的次數；遇到客人不滿意時，要怎麼解決客訴的問題。如果第一時間安撫好客人，接下來的危機處理就會容易得多，而這都得靠第一線員工的臨場反應和判斷。

長時間面對顧客的工作，幫助我累積不少經驗，到了後來我有能力獨當一面地控場，所以只要有三、四十人包場，老闆都會找我去幫忙。從某方面來說，這也是一種肯定，當時年紀輕的我卻不能體會到他的用心良苦，因為我更想要站在吧台沖咖啡，覺得職業欄寫「吧台」似乎比服務生好聽多了，這也是為何我一直糾結於老闆不讓我站吧台的原因。

後來，店裡的吧台願意教導我，而老闆也睜一隻眼閉一隻眼，讓我在沒客人時學習製作咖啡。可惜我天生不是這塊料，手沖咖啡味道會隨著溫度改變這件事，在我的味覺世界裡是無感的，所以沖泡不出令職人老闆滿意的咖啡。當時的我還年輕、不懂事，只會在心裡埋怨老闆不給我機會，覺得自己懷才不遇。

在職場上，許多人往往眼高手低，高估了自己。興趣要成為工作本來就不容易，如果它能成為你的生存技能，是一件幸運的事；若是沒有這樣的好運，也是

每個人都有適合自己擅長的領域，
因此我們要了解自己的能力與專長所在，
究竟你是匹黑馬還是驢子？

正常的。每個人都有適合自己擅長的領域，因此我們要了解自己的能力與專長所在，究竟你是匹黑馬還是驢子？總不能叫馬去犁田，叫牛參加馬術跳躍比賽吧？

馬克太太的
毒雞湯

在職場中，

沒有懷才不遇這件事。

你不專業，自然遇不到伯樂。

平凡不可怕，可怕的是你看不清真實的自己

小學時，作文課一定會有道題目是「我的志願」，就算沒有這一題，老師一定也會問大家：「小朋友，長大你想要做什麼呢？」

說實在的，我覺得這問題很瞎，很多大人自己都不知道要幹嘛，也找不到工作和生活的目標，卻要求小孩說出他們的未來志願。如果孩子們勇敢地說出內心真正想從事的職業，比如超人、明星、公主之類的，肯定會被取笑！於是大家開始吹牛大賽，每個人的志向都是醫生、警察，當然我也是如此，大言不慚地說自己以後要當老師，殊不知本人只要面對人群就會有點恐慌。總之，我們從小就被教導著要學會吹牛（咦？）。

每次看到隔壁同學在作文簿上寫得洋洋灑灑，常常讓我羞愧地恨不得往門外奔去。我曾一度懷疑自己是不是有什麼毛病，怎麼腦袋裡裝的東西都和別人不一樣？我的腦海想的都是下課去買蔥抓餅，到底要選起士加蛋，還是玉米加蛋？可

有時承認自己的不完美，

懂得向現實妥協，也是一種成熟的表現。

是加蛋還要多五元，到底要加還是不加？為什麼地理老師的鼻毛不修一修？前面同學的頭髮好油喔……我連蔥油餅要不要加蛋都拿不定主意了，何況那些遙不可及的未來！

時光荏苒，我漸漸地成為大人了。在這人稱江湖的社會走跳後，我覺得很惶恐，當一兩年過去了，一起畢業的同學、同期進公司的菜鳥同事，早已朝著設定的目標往前衝衝衝，我還在原地踏步。別人換工作是越跳薪資越高，而我每次跳槽，薪水都是從基本起薪開始，等於重新歸零。印象最深刻的是，結束了咖啡廳的服務生工作後，為了有個好聽的頭銜，還幻想自己是制服美少女，我去一家飯店做櫃檯。因為沒有經驗，又沒有特殊技能，領的薪水是一萬七，以當時時薪九十五元來說，打工仔的工資都已經超越我了！

這份工作因為是校長兼撞鐘很辛苦，早上我在櫃檯幫客人check out，等客人走得差不多後，就脫掉西裝外套，挽起袖子，開始打掃客房。即便如此，薪資一毛錢也沒調漲過，甚至親朋好友還會用這份收入來衡量我的價值，認定我是個沒有未來的魯蛇。

我是長女，父母對我還是有所期待，希望我能每個月拿一些孝親費回家。好勝心強的我，為了證明自己有能力，在工作上更是全力以赴，無形之中也在心裡替自己設下了一道跨不過去的坎。

事事求完美，本來是很棒的人格特質，但當時的我卻做過了頭，只要覺得自己沒有百分之百準備好，就不敢出手。有些主管要求的事，因為擔心自己表現不佳，總是以「我沒辦法」為由推掉。在工作上無法突破，又無法改變現狀，最後我用換工作來逃避現實。原本做餐飲業的我，一下當店員，一下去百貨公司當櫃姐，工作幾個月後眼看達不到業績，就想轉換跑道。這樣一來，每樣工作技能都只學會半套，日子也過得苦哈哈的。

在粉專的後台，我常收到一些年輕網友的來信，問我要怎樣確認自己的人生目標？很抱歉，讓大家失望了！一直以來，我對自己的人生也很茫然，甚至對別人開外掛的人生，感到憤世嫉俗。雖然明白自己骨子裡是個平庸的人，一心想要過著安定的生活，但是為了面子，硬要表現出準備幹一番大事的樣子。

到了二十五歲之後，我才不再心猿意馬，專注於眼前的事，並且誠實地面對真實的自我，接受自己原來的樣貌。

如果你在很年輕的時候，就有了明確的人生目標、找到想要從事的職業，恭喜你！只要按照自己的步調去做，就算沒有達成目標，離理想中的自己也不遠了。

無論是感情、工作、人際關係的問題，當你們感到迷惘，不知道怎麼走下一步時，先問問自己的心。在四下無人的時候，把心裡的話說出來，勇敢面對自己內心真實的感受，然後認真思考，怎麼做才能實現你想要的生活。有時承認自己的不完美，懂得向現實妥協，也是一種成熟的表現。

無論是感情、工作、人際關係的問題，
當你們感到迷惘，
不知道怎麼走下一步時，
先問問自己的心。

馬克太太的毒雞湯

誰說胸無大志就是失敗者？

這個世界

本來就需要各式各樣的人

才能運作。

職場上沒有一點心機，不是單純，是愚蠢

我的爺爺一生刻苦耐勞，他也常常教導所有晚輩們，做人要正直，不能太有心眼，否則算計到最後，最吃虧的還是自己。至於我爸昌ㄟ雖然沒有遺傳到爺爺的刻苦耐勞、勤儉持家，個性直得比我家的水管還要直（如果心臟不夠強大，很容易會被他不開心時說出來的話給氣到火冒三丈！），但看在我的眼裡，只覺得他只是脾氣不好，為人還是很正派的。

因為從小家裡的長輩們都是這樣教育我們，我也相信做人還是單純一點好，尤其是在工作上，就別太計較了。但踏入社會之後才知道，頭腦太簡單的話，你也會很容易被人算計甚至KO掉喔！

說一個真實故事給你們聽，就會知道一不小心，單「純」就會變成了「蠢」。

／笑裡藏刀、戴著假面的同事／

我在咖啡廳工作了四年多，看著無數新人來來去去。每一次他們離開，都讓我有些不捨，好不容易建立起來的情誼，又要煙消雲散了。

有次一個年輕女孩來店裡面試，她的眼睛小小的，笑起來時瞇成一條線，挺可愛的。那時店裡剛好很缺正職，老闆看她有不少服務業的經歷，就請她隔天上班。想當然耳，帶新人的工作就落在我的頭上了。

這女孩暫且稱她為L，她的個性活潑開朗，而我本身屬於慢熟型，除了工作上的事外，不太會跟人聊天。從第一天上班，她就找我聊天，從年齡到星座、血型，什麼都能聊。但她的工作時常需要其他同事幫忙，連最基本的收拾工作都做不好。不過這也沒什麼，面對新環境總是需要一些時間才能上手。

沒多久，店裡又來了一位打工女孩K，我也理所當然地接下教導新人的任務。K個性比較安靜，所以我們之間除了工作之外，真的沒話說。她第一天上班時先跟著我走流程，接下來，L常常會把K叫過去，兩人一邊工作，嘴巴也沒停下來過。我暗自鬆了一口氣，幸好有L，否則K肯定會覺得這家店的工作氣氛太

別把喜怒哀樂顯現在臉上，
對於成熟的人而言，這樣的行為很幼稚；
而對於想絆倒你的人來說，輕而易舉地就可以摸透你的底細。

嚴肅了。

有時候我留意到K的工作程序與公司規定有誤，甚至投機取巧時，會好心提醒她，但她總回答是L說這樣就可以。當下我沒有多說什麼，也不想讓L難堪。可是她們不知道是說好了還是真的是巧合，每次需要大量收桌子時，她們總是在洗杯子，讓我一個人清理全場；當我收好桌上的殘局後，她們也剛好完成手上的工作。

有天晚上，L傳簡訊給我，她說K非常討厭我，總是在背後說我的壞話，提醒我要小心她。這下子讓我很不開心了！本人也是跟昌ㄟ一樣直得像水管的個性，隔天直接對K開罵，指責她背地裡做的那些骯髒事，我都知道。K被我這樣一吼也不開心，指責我做人不厚道，只會欺負人、到處八卦……這些話我聽得不是很明白，但當時在氣頭上，也沒有多問，而K也就這樣離職了。

K離職後，L跟我說K平常多麼愛八卦，一開始我還很火大，但幾天後冷靜下來，覺得不太對勁。如果她這麼討厭講同事八卦，應該會對K敬而遠之，兩人卻一天到晚膩在一起，就連休假日都還相約去喝茶。因此我特別留意她接下來和新進員工的互動。

K離職之後，老闆大概有點怪罪我的意思，接下來我無時無刻都在忙碌，他連跟我說話都不想，直接讓L來傳達意見，結果常常讓我同樣的工作反覆做了一次又一次。而一有空閒，L就是躲在角落裡滑手機，跟頂替K的新人R聊天，每當店裡沒客人時就要我去刷東刷西。

L說是老闆交代的，我再怎麼不滿，還是繼續悶著頭做。有天R趁我去廁所時，跟在我後面，小聲地問我跟老闆是什麼關係？我愣了三秒才回答：「我跟妳一樣，都是員工啊！」

R把手機簡訊給我看，裡面滿滿都是L不實的指控，談論我的八卦，甚至要R離我遠一點。

這一刻我終於明白了，從頭到尾都是L在搞鬼、挑撥離間。至於R為什麼要告訴我？只能說她是個聰明人，覺得L的行爲有點詭異而來向我求證。

當下與其說我很生氣，不如說難過。從L加入團隊後，我就沒有虧待她，我實在不懂，為什麼她要在我的背後捅我一刀？

知道這件事後，我鼓起勇氣跟老闆解釋，當初K的離開不是我欺負她，目的當然是希望別再讓我永無止境地刷東刷西。你們猜怎麼來著？老闆一頭霧水，不明白我在說什麼。

我這才知道，L這個瘋婆子竟然假藉老闆的名義要我做事情，甚至有些工作是老闆特別交代她、請她完成的，她卻把工作全部都丟給我，讓我每天忙進忙出，連坐下來休息一秒鐘的時間都沒有。

個性火爆的我越想越氣，直接當著L的面，說她所做的骯髒事，大家都知道了。L表示一切都是誤會，要我忘記過去，想要和我重修舊好。

她連一句道歉都沒有，我看不出是哪裡來的誤會？L平常不僅說話海派，連處理事情也很江湖，當天下班後，竟然在大庭廣眾下說要「烙郎」（台語：叫人來助陣）！最後大家只是互看了幾眼，就各自離去。

往後，L無法再像從前一樣上班時偷懶滑手機，也沒人再相信她那一套，老闆還特別留意她，自己知道待不下去，因此就離職了。

L的惡行被揭發後，我很想撞牆，覺得自己真的很無辜，怎麼會遇到這種瘋女人呢？是個可憐的受害者。但是，幾年後重新回頭看這段往事，其實自己也有問題。雖然在人際關係上不需要做到八面玲瓏，但至少要懂得保護自己。別把喜怒哀樂顯現在臉上，對於成熟的人而言，這樣的行為很幼稚；而對於想絆倒你的人來

踏入社會之後才知道，頭腦太簡單的話，
你也會很容易被人算計甚至KO掉喔！

說，輕而易舉地就可以摸透你的底細，若是他們有心對付你的話，很容易就成為傷痕累累的箭靶喔！

馬克太太的毒雞湯

職場上爾虞我詐
是常有的事情，
有時不是人性太黑暗，
而是你讓惡人有機可乘。

你若沒有價值，現實鬼也不會看上你

太太一開始寫部落格不是想要成為所謂的網紅（好啦！心裡偷偷想過，如果能成為餬口的工具也不錯），在無心插柳的狀態之下，又成立了「馬克太太住英國亂亂說」粉絲團。

當初設定好粉專帳號後，臉書規定要連續發文七天才行！我心想，乾脆來寫我與馬克先生的邂逅故事好了，結果一下子就寫了三十幾篇。

身為處女座ＡＢ型的偏執狂，決定要做一件事就會好好地做。於是這個系列文結束後，我依舊每天定時發文，一年之內，追蹤人數從零到了一萬；過了一年，又增加到十萬人。有人說我很幸運，臉書成長速度很快，而我的臉書後台也出現不少私訊，很多人都說喜歡我的文章，會一直支持我。其他部落客也紛紛在我的文章底下留言曝光，頓時間人氣飆升，讓我走路也有風！

有一次我去參加英國某城市的超半馬比賽，後台出現一串陌生人傳來的訊

當你有別人想要的東西，自然就會有人巴著你。
當你沒有利用價值可圖時，就不會有人理你了。
這個世界的遊戲規則就是這樣。

息，那是跟我一樣遠嫁來英國的女孩所留的。女孩熱情地說她好喜歡我，是我的太白粉，希望見我一面，一起吃個飯。

聽到有人這麼欣賞我，我也不管跑完二十幾公里的腿有多廢，就一口答應了。能夠在異鄉說中文感覺特別好，吃完飯後我們連買單都客氣地搶來搶去，最後是馬克先生將信用卡掏出來後，才結束了這段台灣人最愛的搶帳單戲碼。

那次見面後，女孩總會在臉書上主動跟我聊幾句，有時是抱怨她家裡的小姑，有時則是好康道相報，告訴我哪個品牌即將打折的資訊。我們之間說不上是朋友關係，但也不只是粉絲與部落客的互動。沒多久後她也成立了粉專，並且捎來訊息，希望我能支持她。用手指按個讚又不費力氣，有什麼好說「不」的？我馬上幫她點了藍色的大拇指。

農曆新年即將到來，女孩又寫訊息來，詢問我是否會出席在英國的台灣人所舉行的party，然後說了一句：「妳去的話，我就去。」這可把我給問傻了，一時之間摸不著頭緒，於是反問了一句：「什麼party？」

從那天起，女孩就再也沒有回覆過我訊息，就此銷聲匿跡。直到我在網路上看到幾位活躍的臉書部落客與她同框的合照才恍然大悟！她大概以為我認識那些人氣部落客，想藉此認識她們。當她說喜歡馬克太太時，或許不是因為我的文章，也不是看上我的實力，是因為流量。

雖然一開始心裡有些失落，但後來讓我怒火中燒的是她竟然到處造我的謠，像是小學生用八卦來交換友誼一樣。雖然我不太與人社交，但英國的華人圈不大，那些話很快就傳到了我的耳裡。我無法阻止她到處嚼舌根，只能暗地裡咒罵她不要臉，是個一心只想著自己利益的現實鬼。

我想到學生時代，有些同學會百般討好那些功課好的同學，因為他們的筆記做得特別好，有需要時就可以借來參考。這種行為令我感到作嘔，朋友之間，不是沒有利益才能稱為朋友嗎？若不是真心想和對方做朋友，演什麼演？太矯情了！

為什麼世界上有這麼多哈巴狗，藉由別人往上爬？……那段時間我開始變得自怨自艾起來。

二〇二〇年初，全世界開始出現新冠病毒的疫情，台灣各大報章雜誌也都在大幅報導，而這位女生明白台灣媒體的特性，搭上了這波話題聳動的順風車，突然之間，她那乏人問津的臉書，一夜之間追蹤人數從幾百人衝上了幾萬人。

那天晚上，我問自己，為什麼這麼生氣？真的只是抱不平嗎？答案當然不是。我心中的小惡魔出現，對我說：「她怎麼可以亂說話，憑什麼這樣就爆紅？」對！我嫉妒她，奶子小的我，心胸也很小。

那時我有兩個選擇，一個是打開email答應記者的採訪，和她一樣，用聳動標題換來可觀的流量；另一個選擇則是更努力地做好自己想做的事，用實力撐起流量。最後我選擇了後者，這不代表我比較清高，而是因為我無法接受那個為了達到目的不擇手段，變得面目可憎的自己。

去年十二月，我的粉專被人惡意檢舉，最後臉書判定我違反社群規定，硬生生地給了我一個紅標記號。我經營自媒體近三年，不能算是菜鳥，但也稱不上是老手，不懂紅標是什麼意思。直到整個臉書觸及率低迷到我差點以為自己的文章沒發出去，才知道紅標會縮小擴散觸及範圍。我心一急，什麼事也做不了！每天緊盯著電腦螢幕，觀看觸及率及按讚數是否回升？心情也跟著七上八下。我無法心平氣和地告訴自己別太在意，尤其當廠商都是看追蹤人數報價時，當經紀人詢問業配時，因為追蹤人數不夠多，連洽談的機會都沒有，心裡更是慌得不得了！

我的臉書觸及率大降後，那些本來說喜歡我的部落客再也沒有光顧。也許

人有七情六慾，每天都充滿樂觀正能量的人，
通常不是做直銷，就是狂熱的宗教分子。

是內容觸及不到他們，也或許是「泥菩薩過江」的我，無法再幫他們刷一波流量了吧？

沉澱了一段時間我才想通，成人的世界存在著利益交換，當你有別人想要的東西，自然就會有人巴著你。當你沒有利用價值可圖時，就不會有人理你了。這個世界的遊戲規則就是這樣。你也可以臉皮厚一點，巴著別人往上爬；或是卯足全力，做給那些勢利眼的人看。若你什麼都不做，只是在那邊抱怨，還是於事無補。

在太白粉們眼中，或許我是個樂觀、超有自信的人，但真實的我其實是個膽小、沒自信的女人。到了三十幾歲，我還是很怕黑，搭飛機前都會緊張地拉肚子；英文說得二二六六，常常尾音還不小心參雜台語。其實我一開始很排斥拍影片，就連在臉書開直播時都會擔心自己發音不正確，被大家取笑。不管做什麼事，我都先想到最壞的那一面，此外我也很怕被大家發現，原來我不是你們想得這麼正向。

人的天性習慣於隱藏自己不喜歡的黑暗面，面對真實的自己往往會令人感到不安。老實說，我真的花了好幾年的時間才慢慢接受這個膽小懦弱、自私又悲觀，偶爾有一絲壞念頭出現的自己。

人有七情六慾，每天都充滿樂觀正能量的人，通常不是做直銷，就是狂熱的宗教分子。對於人類來說，會有這些負面情緒不是很正常嗎？我相信那些大力鼓吹大家要有正能量的部落客，也有情緒低落的一面；就像我一天到晚灌太白粉們毒雞湯，心裡也有過不去的坎。只有當你勇於面對自己時，才能跨越這道坎。

馬克太太的
毒雞湯

大部分你看到的光鮮亮麗，
是別人用盡了吃奶的力氣換來的。

珍惜那些生命中的「理所當然」

讀大學時，因為平常一臉自視甚高的跩樣，沒有人想要靠近我，而我也樂得輕鬆。後來我發現班上也有和我一樣的邊緣人，那是一個長相普通、身材肉肉，不太愛說話的女生。

當正處青春年華的女學生們脫離了刻板的高中制服生活，無不卯盡全力地花心思來好好地打扮自己，或是用化妝來突顯自己的存在感。但是那位女同學和別人不一樣，她臉上戴著一副不合時宜的粗框眼鏡，在團體裡面顯得更不起眼了！而我也不想與她多接觸，並不是討厭她，而是她全身散發出一股宅女氣息。

好吧！我承認自己是以貌取人，當時不只覺得她外表樸素，甚至覺得她的衣著打扮跟鄉下的土包子沒什麼兩樣。我自己也是鄉下出身的孩子，好不容易跳脫出來，說什麼也不願跟這種人扯上關係。大學四年之中，這位同學眼鏡沒換過，穿衣風格也沒改變過，我與她說話的次數大概五根手指頭就可以數得出來，而畢業之後，我們就像是兩條平行線一樣，再也沒有交集。

當我嫁來英國後，開始成立自己的粉絲團。雖說出發點是為了讓自己忙碌、有事情做，但粉專開張後，沒有幾個人光臨，心裡也是滿失落的。在這些少少粉絲之中，我注意到有一位就是當年那位女同學。沒想到大學畢業十年後，我們會因為網路而因緣際會地搭上了線。

原本以為她是無意間瀏覽到我的粉專，順手按個讚，但她一按就按了三年，時常在貼文底下留言，算是相當忠實的粉絲。而我每次想到自己從前不理人的樣子，就覺得羞愧。

雖然對於老同學的支持，心裡著實覺得感動，總想著哪天要跟她說聲謝謝，卻從來沒有跟她說上半句話。對於她的臉書留言，也只是匆匆看過去，隨手按個讚而已。

隨著「馬克太太住英國亂亂說」臉書人數逐漸飆升，我開始出現了大頭症，以為網友們支持我，都是因為老娘有本事寫文章。當人的心態一旦不對，所展現出來的態度自然也不一樣，即便我在人前說著感謝，卻將大家的存在當作是理所當然的事。直到發生臉書粉專紅標事件，我的瀏覽率直直落，心情也是一落千丈。

去年十二月，就在我持續為臉書粉專紅標苦惱時，無意中在網路上看到那位女同學的臉書留言牆上，出現有人哀悼她去世的訊息，這才赫然發現，她已經消失在這個世界了。由於一場突如其來的車禍意外，結束了她三十歲出頭的人生。

我不敢相信，那位同學已經離開人世了！這個消息的後座力太強，讓我連續幾天都處於失神的狀態。對於她的離世與其說難過，不如說是難受與羞愧、內疚。說真的，我們並不熟，但她是從我的臉書沒有人氣時就一路陪伴我的支持者，就算我一度在網路上荒腔走板地亂罵人，她還是選擇了挺我，沒有因此退讚。

為什麼我可以跟其他網友熱情地說謝謝，努力回覆那些後台的私訊，唯獨對她，總是想著「下次吧！」，然後有一天才知道，那句沒說的謝謝，再也沒有機會說出口了！

到了一定年紀之後，我們都知道，明天和意外，不知哪一個會先來到；一個突如其來的事件，就可能打亂我們原本一成不變的人生。

當你還是學生時，下課後回到家，看著母親在廚房裡揮汗如雨，最後端上了香噴噴的飯菜；父親下班後，像是馬鈴薯一樣癱在沙發上，使喚人幫他倒水，煩得要命！當了上班族之後，每天早上跟臉臭得像欠她幾百萬的早餐店老闆娘買完早

當你覺得生活平淡無奇、甚至感到無聊時，
不妨停下來看看現在所擁有的一切吧！

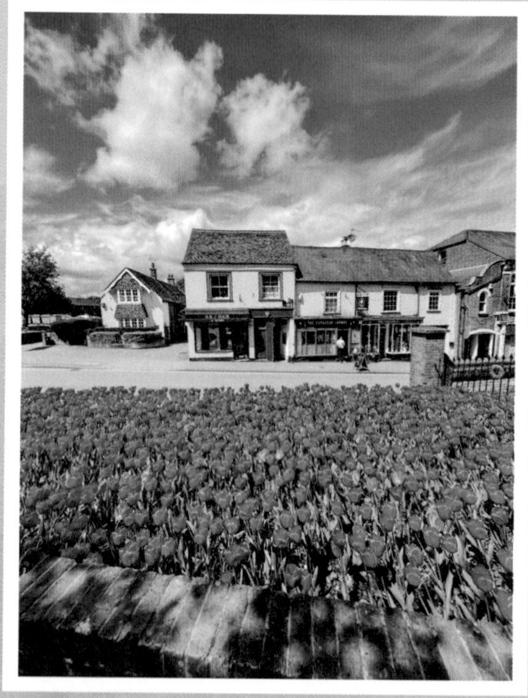

正因為人生有限，我們更要珍惜相聚時刻，

把那些點點滴滴的回憶，當作人生中最美好的禮物。

餐，搭上了擠得像沙丁魚的公車上班；下班回家後聽到孩子的吵鬧聲讓你心煩氣躁，忍不住大吼兩聲……無論是令人煩心或開心的事，一旦成了習慣後，通常不會有太多的感覺，反正日子就是一天一天過下去，直到有一天失去時，才會發現它的可貴。

二〇二一年，新冠肺炎疫情持續蔓延，我認識的英國人之中，有人因染疫而離開了人世，也有人因此得了憂鬱症。當英國政府宣布解封後，人們的生活看似回到日常軌道，其實已回不去了。

當你覺得生活平淡無奇、甚至感到無聊時，不妨停下來看看現在所擁有的一切吧！不要把那些平凡的小事當作再平常不過的日常，也不要把那些對你好的人當作理所當然的存在，好好對待他們。而也正因為人生有限，我們更要珍惜相聚時刻，把那些點點滴滴的回憶，當作人生中最美好的禮物。

馬克太太的毒雞湯

有些人一轉身就是一輩子，

那些出現在

你生命裡的人、事、物，

都不會是永遠的。

國家圖書館出版品預行編目資料

你缺的不是努力，而是反骨的勇氣！ / 馬克太太
著. -- 初版. -- 臺北市：平裝本, 2022.01 面；公分.
--（平裝本叢書；第 0531 種）
(iCON；59)

ISBN 978-626-95338-4-8(平裝)

1. 人生哲學 2. 自我實現

191.9 110021017

平裝本叢書第 0531 種
icon 59

你缺的不是努力，而是反骨的勇氣！

作　　者—馬克太太
發 行 人—平雲
出版發行—平裝本出版有限公司
台北市敦化北路 120 巷 50 號
電話◎ 02-2716-8888
郵撥帳號◎ 18999606 號
皇冠出版社（香港）有限公司
香港銅鑼灣道 180 號百樂商業中心
19 字樓 1903 室
電話◎ 2529-1778　傳真◎ 2527-0904
總 編 輯—許婷婷
責任編輯—張懿祥
美術設計—嚴昱琳
著作完成日期— 2021 年
初版一刷日期— 2022 年 1 月
初版三刷日期— 2022 年 1 月
法律顧問—王惠光律師

讀者服務傳真專線◎ 02-27150507
電腦編號◎ 417059
ISBN ◎ 978-626-95338-4-8
Printed in Taiwan
本書定價◎新台幣 340 元 / 港幣 113 元